KÖNIGS FURT

Heike Neumann

Verkürzte Kindheit

Vom Leben der Geschwister behinderter Menschen

Königsfurt

Die Kapitel »Studien zur Entwicklung der Geschwister behindeter Kinder« und »Muß ich wirklich immer für ihn sorgen« sind dem Buch »... und um mich kümmert sich keiner« von Ilse Achilles entnommen.
© Piper Verlag, München 1995

Die Deutsche Bibliothek – CIP-Einheitsaufnahme

Neumann, Heike:
Verkürzte Kindheit : Vom Leben der Geschwister
behinderter Menschen /Heike Neumann. –
Krummwisch : Königsfurt, 2001
ISBN 3-933939-32-1

Originalausgabe
Königsförde 2001

© 2001 by Königsfurt Verlag
D-24796 Klein Königsförde/Krummwisch
www.koenigsfurt.com

Umschlaggestaltung: INIT, Bielefeld
unter Verwendung eines Fotos des Schauspielers Bobby Brederlow, dpa Hamburg

Satz: Claudia Schmidt, Kiel
Gesetzt aus der Sabon
Druck und Bindearbeiten: Wiener Verlag, Himberg bei Wien

ISBN 3-933939-32-1

Inhalt

Anhang

Wie oft stellt sich etwas so dar, daß es sein kann. Oder gar, daß es anders sein kann als bisher, weshalb etwas daran getan werden kann. Das wäre aber selber nicht möglich ohne Mögliches in ihm und vor ihm.

Es kommt darauf an, das Hoffen zu lernen. Seine Arbeit versagt nicht, sie ist ins Gelingen verliebt statt ins Scheitern. Hoffen, über dem Fürchten gelegen, ist weder passiv wie dieses, noch gar in ein Nichts geperrt.

Ernst Bloch, *Das Prinzip Hoffnung*

Für meinen Vater

Vorwort

In unserer Gesellschaft wird derzeit viel über Behinderung diskutiert – die neuen Entwicklungen in der Forschung und Medizin ermöglichen nicht nur neue Heilungsansätze, sie ermöglichen auch, das Entstehen behinderten Lebens von vornherein zu verhindern. Ob wir das zulassen wollen, ist noch nicht entschieden. Nicht zuletzt von Behinderten selber gibt es dazu erhebliche Bedenken. Denn in der Diskussion geht es immer wieder um die Empfindung, daß man sich das Leben mit behinderten Kindern nicht zutraue. Vor diesem Hintergrund ist die Veröffentlichung eines Buches über die Erfahrungen von Geschwistern behinderter Kinder nicht ohne Brisanz, denn es ist ein Buch über Schwierigkeiten, über Kummer, über Ungerechtigkeit, über lebenslang wirkende Verletzungen, die aus dem gemeinsamen Aufwachsen mit einem behinderten Menschen entstanden sind.

Das ist die eine Botschaft des Buches: Daß das Leben an der Seite eines behinderten Geschwisters viel verlangt von einem Kind, manchmal sogar zu viel. Die Schwester oder der Bruder muß beständig Rücksicht nehmen, vielleicht erfährt er oder sie zu wenig Liebe von den Eltern, die sich ganz auf das »Problemkind« in der Familie konzentrieren. Sie schämen sich für ihre Geschwister und oft haben die Erfahrungen der Kindheit und der Jugend ihr gesamtes Leben bestimmt, manchmal im Positiven, manchmal auch sehr negativ.

Aber da ist noch die andere Geschichte, die Geschichte vom kleinen Glück, vom Lachen und von der Freude, vom Stolz auf das Gemeinsame, von der unverbrüchlichen Liebe. Und die Geschichte von der Einzigartigkeit der Schwester und des Bruders, den oder die man nie missen möchte.

Alle, deren Geschichte hier erzählt wird, erlebten ihre Kindheit entweder im Nationalsozialismus oder in den Nachkriegsjahrzehnten. Es wird ganz deutlich, wie sehr eine ablehnende Haltung der Umgebung die Fähigkeit der Familie beeinflußt, mit dem behinderten Kind unter ihnen umzugehen. Wie es gerade für Kinder schwer ist, in einer feindseligen oder verachtungsvollen Umwelt selbstbewußt zum »merkwürdigen« Bruder oder Schwester zu stehen. Das bedeutet umgekehrt aber auch, daß wir alle es den Kindern leichter machen können, indem wir uns gegenüber ihnen und ihren Geschwistern anders, "normaler" eben verhalten.

Zweifellos ist die Lage behinderter Menschen heute alles andere als zufriedenstellend, aber die Geschichten aus diesem Buch machen es insbesondere jüngeren Lesern sehr deutlich, wie viel sich geändert hat zum Positiven und wie hart das erkämpft werden mußte. So birgt das Negative auch hier wieder eine Ermutigung, denn: es geht auch anders. Wie viel sich ändern kann und welche Grenzen es bis heute gibt, dafür würde es sich lohnen, eines Tages die Geschwister von Kindern zu fragen, die später, in den 80er und 90er Jahren groß wurden.

Gerade weil die berichtenden Geschwister nichts beschönigen, nichts im Rückblick glattziehen, ist das Buch ein wichtiger Beitrag. Wer den eigenen Wert des Lebens mit Behinderung betont, der sollte nie die Schattenseiten eines solchen Lebens (für den Betroffenen ebenso wie für seine Familie) verschweigen. Denn darum ja genau geht es: Das Leben mit seiner widersprüchlichen Vielfalt anzunehmen.

Andrea Fischer, M.d.B.
im März 2001

»Wir müssen etwas tun«

Die amerikanische Schauspielerin Elisabeth Taylor hat einmal gesagt: »Eine Familie ist eine Vereinigung von Menschen, die nur in den seltensten Fällen zusammenpassen.« Das gilt in besonderem Maße für Geschwister. Jedes Kind ist anders. Und so unterscheiden sich Brüder wie Schwestern in Größe und Aussehen, Temperament und Neigungen, Stärken und Schwächen. Trotz dieser Verschiedenheit bildet die Familie eine lebenslange Klammer. Die Familie wird zum Ort, wo ganz verschiedene Persönlichkeiten nicht nur miteinander leben, sondern auch voneinander lernen und begreifen, den anderen zu achten – obwohl oder vielleicht sogar weil er anders ist als man selbst.

Das vorliegende Buch zeigt, daß diese Gedanken besonders für Familien gelten, in denen Kinder mit und ohne geistige Behinderung gemeinsam aufgewachsen sind. Selbstverständlich war in diesen Familien nicht immer alles eitel Sonnenschein. Auch unter diesen Geschwistern gab und gibt es Konkurrenz und Eifersucht. Das bringt das Familienleben mit sich. Und doch sprechen die meisten der Geschichten beredt von der über die Zeit gereiften Erkenntnis, daß das Aufwachsen mit einer Schwester oder einem Bruder mit geistiger Behinderung für die anderen Geschwister unter dem Strich eine Bereicherung ist.

Dieses eindrucksvolle Plädoyer für das Heranwachsen eines geistig behinderten Kindes in der Familie macht das vorliegende Buch so wertvoll.

Ein weiterer wichtiger Aspekt ist, wie die hier zu Wort kommenden Schwestern und Brüder den gesellschaftlichen Perspektivwechsel im Umgang mit geistig behinderten Menschen in Deutschland erlebt haben. Bis in die 60er Jahre wurden die meisten von ihnen oft versteckt und in aller Regel bevormundet. Dies änderte sich mit dem Contergan-Skandal. Als 1961 bekannt wurde, daß das thalidomidhaltige Schlafmittel wahrscheinlich für Mißbildungen bei vielen tausend Neugeborenen in aller Welt verantwortlich ist, folgte dem Schock über die Katastrophe die Erkenntnis: »Wir müssen etwas tun.« Auch für Menschen mit geistiger Behinderung. Das ZDF wagte den medien-revolutionierenden Schritt, Fernsehunterhaltung mit sozialem Engagement zu verbinden. So entstand 1964 die Aktion Sorgenkind, wie die Aktion Mensch bis März 2000 hieß – und mit ihr über die Familie hinaus die Vision einer Gesellschaft, in der es normal ist, verschieden zu sein.

Dieter Gutschick, Geschäftsführer Aktion Mensch

Wir brauchen ganz verschiedene Menschen ...

Bei uns dreht sich alles um Sophie. Sie ist behindert«, ärgert sich der Grundschüler Peter in dem Lebenshilfe-Buch »Meine Schwester ist behindert«, das die »Geschwisterproblematik« aus Kindersicht für andere Kinder schildert. Für Peter und mit ihm für viele Geschwister behinderter Kinder ist es ganz wichtig, diesem Ärger Luft machen zu dürfen, ohne dafür gescholten oder bestraft zu werden. Es ist der Schritt, die familiäre Situation mit einem behinderten Kind, in der der nichtbehinderte Geschwisterteil leider allzu oft im Abseits steht, wieder in ein für alle Beteiligten gewinnbringendes Gleichgewicht zu bringen.

Deshalb ist Heike Neumanns Buch über Geschwister behinderter Kinder so wichtig und so hilfreich. Es leistet einen Beitrag dazu, daß das Aufwachsen neben einer behinderten Schwester oder einem behinderten Bruder eben keine »Verkürzte Kindheit« sein muß. Für »betroffene« Geschwisterkinder ist es damit ebenso hilfreich wie für Eltern, die eine solche Familienkonstellation »steuern« müssen. Für Geschwister, die eine solche mehr oder weniger schwere Kindheit erlebt haben, ist es eine Möglichkeit, ihre Kindheit ein stückweit zurückzuholen, noch einmal zu durchleben und das eine oder andere im Rückblick vielleicht besser zu verstehen und anders zu gewichten.

Aber vor allem der sogenannten breiten Öffentlichkeit, den Menschen, die normalerweise nur wenig mit dem Thema Behinderung zu tun haben, dürfte »ein Licht aufgehen«. Wie sehr nämlich das nichtbehinderte Geschwisterkind, das auf den ersten Blick am wenigsten von der Behinderung betroffen ist, ein Teil des sensiblen »Systems Familie« ist, wird hier in aller Deutlichkeit offensichtlich.

Und dieses Verständnis der Situation wiederum möge dazu beitragen, das es die Familien mit behinderten Kindern in Zukunft leichter haben. Einem Ziel, dem sich die Lebenshilfe für Menschen mit geistiger Behinderung als größte Selbsthilfevereinigung dieser Art in Deutschland seit Jahren verpflichtet fühlt. Von der Frühförderung an ist bei der Lebenshilfe auch immer das ganze System Familie im Blick. Und zum langfristigen Funktionieren dieses Systems gehört es eben gerade auch, daß der behinderte Menschen die Chance erhält, seine eigene Persönlichkeit herauszubilden. Den eigenen Willen haben ist kein Gegensatz zum Miteinander in einer Familie, sondern im Gegenteil die Voraussetzung für ihren Erfolg.

Erfolg und einen eigenen Kopf auf jeden Fall hat Bobby Brederlow. Wir freuen uns, daß diesem sympathischen Schauspieler, dem wir 1999 den Medienpreis der Lebenshilfe, den »Bobby«, verliehen haben, auch ein Kapitel dieses Buches gewidmet ist.

Verkörpern er und sein Bruder doch in einer sehr sympathischen Art und Weise ein Motiv, daß die Lebenshilfe in dieses Jahrzehnt begleitet: »Wir brauchen ganz verschiedene Menschen, damit die Welt sich dreht.«

B. C

Dr. Bernhard Conrads
Bundesgeschäftsführer der Lebenshilfe für Menschen mit geistiger Behinderung e.V.

Ein Anliegen

Dieses Buch handelt von einer anderen Kindheit – von einer Kindheit an der Seite eines geistig behinderten Menschen. Viele verschiedene Umstände und Schicksalsschläge können bedingen, daß eine Kindheit nicht so erlebt und erfahren wird wie es sein sollte. Es gibt Kinder, die in Kriegsgebieten aufwachsen, die in Hungersnot leben. Es gibt Scheidungswaisen, Kinder denen körperliche oder seelische Gewalt angetan wurde. Das Wissen um diese mannigfaltigen Sorgen und Nöte kann vorausgesetzt werden. Zu allen genannten Themen gibt es Literatur, sie sind schon Gegenstand verschiedenster Magazine in Funk und Fernsehen gewesen. Als ich vor Jahren anfing darüber nachzudenken, ein Buch über Geschwister geistig behinderter Menschen zu machen, habe ich mich auf die Suche nach Publikationen begeben. Ich wollte wissen, was andere Geschwister zu dem Thema berichten konnten – schließlich war ich nicht die einzige, die mit einer geistig behinderten Schwester aufwuchs. Vor etwa sechs Jahren wurde ich dann fündig. Marlies Winkelheide hatte eine Studie herausgegeben mit dem Titel »Ich bin doch auch noch da – Aus der Arbeit mit Geschwistern behinderter Kinder«. Die Autorin bietet Tagungen an, an denen ganze Familien teilnehmen, wobei das Augenmerk auf diesen Veranstaltungen nicht auf die behinderten Kinder gerichtet ist, sondern auf deren Geschwister. Sie stehen im Mittelpunkt der Betrachtung. Das Buch ist ein Bericht über die Erfahrungen dieser langjährigen Arbeit, die zum Ziel hat, den Geschwistern einen Raum zu geben, »denn sie wollen gehört und gesehen werden. Sie brauchen Begleitung, einen Freiraum für sich und Platz für ihre Auseinandersetzungen.«

Ein Jahr später erschien ein Buch von Ilse Achilles, selber Mutter zweier Töchter und eines Sohnes mit Down-Syndrom, mit dem Titel » ... und um mich kümmert sich keiner – Die Situation der Geschwister behinderter Kinder«. Auch dies eine Publikation, die von außen auf die Geschwister und ihre besondere Lebenssituation blickt.

Die Geschwister selber haben sich erstaunlicherweise nicht geäußert. Ich habe lange darüber nachgedacht, warum das so ist. Eigentlich liegt der Grund dafür auf der Hand. Die meisten Geschwister haben nie gelernt, sich selbst in den Mittelpunkt zu stellen. Sie spielten nie die Hauptrolle, sondern immer nur die Nebenrolle. In den Familien drehte sich alles um das Sorgenkind. So haben viele Geschwister, die für das Buch befragt wurden, zunächst fast ausschließlich von der Behinderung ihres Bruders/ihrer Schwester erzählt und angefangen, deren Krankheitssymptome genaustens zu beschreiben, was ja gar nicht Sinn der Sache war. Erst wenn sie darauf hingewiesen wurden, daß dieses Buch nicht die Behinderten thematisieren will, sondern deren Geschwister, begannen Sie darüber zu sprechen, wie sie ihre Kindheit erlebt haben. Nur zwei der Befragten haben sofort über ihre eigenen Erlebnisse und Gefühle berichtet.

Dieses Buch soll also denen Raum geben, die ihn selten hatten, nicht im Elternhaus und nicht in der Literatur, erst recht nicht in unserer Gesellschaft.

Sie sollen nicht länger im Schatten stehen, das war mein Anliegen.

Dieses Buch rückt sie ins Licht.

Halt – Halte mich – Halte mich aus

Eine andere Kindheit

Als Geschwister eines behinderten Kindes wird man von klein auf mit Sorgen konfrontiert, Sorgen, die den meisten Kindern noch lange erspart bleiben. Das fängt damit an, daß man sich Sorgen um die Schwester/den Bruder selber macht – dann sorgt man sich auch um die Eltern, denen man wieder ihre Sorgen anmerkt und daher abnehmen will, und schließlich sorgt man sich um die ganze Welt, weil man begreift, daß es Vorurteile, Dummheit, also menschliches Unvermögen gibt, vor dem man die Familie bewahren will und weil man das allein und sowieso als Kind nicht schaffen kann.

Dieses Familienleben erfordert besonders viel Geduld, Verständnis, Rücksicht, Vorsicht, und von allen gleichermaßen eine selbstverständliche Bereitschaft in diesem Ganzen zu funktionieren, seinen Beitrag zu leisten.

Da das behinderte Kind direkte Forderungen an die Eltern stellt, werden die Bedürfnisse seiner nichtbehinderten Geschwister oft überhört.

Was von diesen gefordert wird, steht klar im Raum. Sie müssen funktionieren, sie müssen alles schaffen, alles leisten, sie müssen vernünftig sein – auch wenn sie selber noch viel zu klein sind und eigentlich das alberne, unvernünftige Kind sein wollen.

»Sie haben vom Anspruch der Eltern her in einem Höchst-
maß zu funktionieren und oft auch noch von den Erwartungen her all die Dinge zu erfüllen, die das behinderte Kind an
Leistung nicht erbringen kann. Um nicht übersehen zu werden, wählen sie mitunter den Weg der Auffälligkeit, um auf
sich aufmerksam zu machen, oder sie passen sich der Familie
an, um ja nicht aufzufallen und den Eltern zusätzlich Schwierigkeiten zu bereiten. Sie ecken dann mit diesen Verhaltens-
weisen anderswo an, etwa in der Schule oder bei Freunden. Sie
wollen vielen Anforderungen entsprechen und wissen nicht,
wo sie mit den eigenen Fragen bleiben sollen.

Geschwisterkinder sind oft sehr rücksichtsvolle, sozial einge-
stellte Kinder, die dennoch signalisieren, daß sie etwas brauchen, was sie oftmals in den Familien nicht finden können, was
eine Familie mit einem behinderten Kind so auch nicht leisten
kann ... Man begegnet Kindern, die Schutz suchen, die Verbindung brauchen, um das auszuhalten, was ihnen auszuhalten
auferlegt ist ... Man begegnet Kindern, die bereit sind, sich ein-
zusetzen. Man begegnet Kindern, die einfühlsam sind und sich
auch durchsetzen können. Man begegnet Kindern, die sich
selbst sehen, dabei andere aber nicht übersehen müssen ...

Geschwister von behinderten Kindern können wegweisend
sein, den Wert von Leben zu erkennen: als sie selbst und nicht
nur definiert als Brüder und Schwestern, dennoch in ihren
Rollen gesehen und in Zusammenhängen, in denen ihr Leben
gesehen werden muß ...

Sie leben ›einfach‹ mit dem, was für andere ›außergewöhn-
lich‹ und ›kompliziert‹ erscheint.«*

---

* Marlies Winkelheide, Ich bin doch auch noch da, Bremen 1992, S. 19f.

Ein Statement, das Marlies Winkelheide im Rahmen einer Tagung für Geschwisterkinder formulierte, hieß wie folgt:

»Ich bin doch auch noch da und nicht nur mein behinderter Bruder oder meine Schwester. Ich bin doch auch noch da, mit meinen eigenen Bedürfnissen und Wünschen, die nichts mit dem Leben von meinem Bruder und meiner Schwester zu tun haben. Ich weiß, daß es im Zusammenhang mit meiner Familie nicht möglich ist, nur ein bißchen ja zu sagen, es geht nur ein ganzes Ja, das ich aber auch zu mir gesagt haben möchte. Ich weiß, daß mit meinem Bruder oder meiner Schwester alles ganz anders ist, als wir es uns vorgestellt haben und als andere Menschen es sich vorstellen können. Wir haben es uns nicht ausgesucht, und leicht haben wir es auch nicht immer, denn der Bruder, die Schwester behindert uns schon. Ich kann mit ihm oder ihr spielen, manches, vieles ist kein Hindernis und bei uns geht auch viel zusammen, jeder kann da seinen Platz finden. Ich weiß, daß das alles nicht nur mein Problem alleine ist, das geht uns alle in der Familie etwas an, aber auch die da draußen in der Schule und in der Öffentlichkeit. Die sehen oft gar nicht richtig hin.

Entweder unterstellen sie mir nur Schwierigkeiten oder sagen einfach, daß wir das schon schaffen werden. Da muß ich ihnen schon mal laut zurufen: Stell Dir vor: Ich mag ihn! Ich mag meinen Bruder, meine Schwester echt gern leiden. Ist das so etwas Besonderes, daß man seinen Bruder oder seine Schwester mag? Ich sehe nicht in erster Linie seine oder ihre Behinderung. Doch ich muß auch dazu sagen, daß ich nicht immer gleich bin. Ich bin doch auch noch da, mit all dem, was zu mir gehört und nichts mit dem Leben meines Geschwisters zu tun hat. Ich möchte mich nicht immer festlegen lassen auf

das, was mir gut und wichtig erscheint. Vielleicht ist mir das
auch manchmal zu anstrengend. Guck mich doch mal anders
an, möchte ich dann denen sagen, die mit mir zu tun haben.
Sieh meine verschiedenen Seiten an und was sie mir möglich
und schwierig machen.

Ich brauche da auch oft Beistand, jemanden, der für mich
da ist und dem ich zurufen kann »Halt – halte mich – halte
mich aus«, so wie das auch mein behinderter Bruder oder
meine Schwester uns zuruft und wir unseren Teil dazu beitragen, daß das möglich ist.

Ich als Ich brauche meinen Schutzraum, wo ich frei bin von
all diesen Verpflichtungen, wo ich mich erholen und nachdenken kann, wo ich ungeschützt all meine Fragen äußern kann,
wo ich auf niemanden Rücksicht nehmen muß, den ich damit
verletzen könnte, wo ich ungestört bin von allem, was ich
praktisch tun muß und wo ich mich nur um mich kümmern
kann und wo sich nur um mich gekümmert wird. Dann
komme ich auch gerne zurück in unsere Familiensituation, die
ich grundsätzlich mittragen will...«

An diesem Text wird alles deutlich. Die Sätze, die Geschwister am häufigsten zu hören bekommen heißen: Du schaffst
das schon, Du bist doch vernünftig, Du bist doch »gesund«.
Das impliziert, daß man als nichtbehindertes Kind keine
Bedürfnisse hat, kein Recht hat, Ansprüche zu stellen. Solche
Sätze sind wohl die schlimmsten, die man einem Kind antun
kann, abgesehen davon, daß jemand der solche Sätze spricht,
kein Interesse hat, sich mit dem Kind und dem jeweiligen Problem auseinanderzusetzten und so auch dem Kind signalisiert:
Du bist nicht wichtig genug, mit dir braucht man sich nicht zu
beschäftigen.

Wie empfindlich Kinderseelen sind, muß an dieser Stelle nicht ausgeführt werden. Das haben literarisch Interessierte schon in Kafkas »Brief an den Vater« gelesen.

» ... unter der Last einer verständnislosen Umwelt wird das Kind schon im zartesten Alter erdrückt, dem Leben entfremdet resp. durch Angst von ihm abgelöst; unnütz zu sagen, daß es ihm nur in den seltensten Fällen gelingt, über die traumgewobenen Brücken der schöpferischen Phantasie neue, kunstvolle Zugänge zu dem entfremdeten Leben zu gewinnen, welche nicht nur dem eigenen, bedrohten Dasein Sinn verleihen, sondern auch für die Menschheit neue Aspekte der unergründlichen Wirklichkeit erobern. ...

Kinder jedoch wollen weder Moralität noch materielle Fürsorge; sie wünschen in erster Linie nichts anderes als Liebe und Achtung vor ihrer kleinen und unbeholfenen Persönlichkeit. ...«[*]

Aus einem »Memorandum an die Eltern« nach einer Vorlage von Vickey Solz, Universität Chicago:

»Ich weiß, daß unsere Familie so ist, wie sie ist. Ich mag sie so. Ich weiß, was ich von Dir und von allen bekomme, trotz allem, worauf ich auch verzichten muß.

Ich weiß, daß wir zusammenhalten müssen. Dann geht es besser. Mich macht das stark.

Ich weiß, daß ich dabei wichtig bin und dazu beitragen kann.

Sag nicht, daß ich keine Probleme mit unserer Situation habe. Ich will sie mittragen helfen. Aber das ist nicht immer leicht.

---

[*] Aus: Josef Rattner: »Ich winselte einmal in der Nacht – Kafka und das Vaterproblem«, Königsfurt Verlag, Krummwisch 2000, S. 9, 19.

Laß mich über das sprechen, was mich bedrückt. Auch wenn es nichts ändert oder nicht änderbar ist. Du weißt aus eigener Erfahrung, daß reden hilft.

Hab' auch mal Zeit für mich und meine Sorgen. Sie sind auch ganz wichtig. Laß mich nicht zu oft sagen müssen: »Ich bin doch auch noch da!«

Sorg' Dich nicht, daß Du zuwenig Zeit für mich hast. Was zählt ist, wie wir diese Zeit miteinander nur für uns verbringen.

Sag mal einfach so, daß Du mich auch lieb hast. Das hilft mir, wenn ich mal Rücksicht nehmen muß, auch wenn es mir schwerfällt.

Halte bitte aus, wenn wir uns streiten. Das gehört dazu, auch wenn jemand behindert ist.«

(Kinder und Jugendliche zwischen 7 und 17)

Ich habe die obigen Texte vorangestellt, weil daran deutlich wird, wie behutsam man heute mit dem Thema umgeht und daß Geschwister von behinderten Kindern inzwischen eine Lobby haben. Das war nicht immer so.

Noch in den sechziger Jahren sah eine Kindheit anders aus. Es gab noch keine Sozialeinrichtungen. Alles entwickelte sich erst langsam. Der Krieg, das Euthanasieprogramm der Nationalsozialisten, war nicht lange genug her. Behinderte galten in den Köpfen vieler immer noch als lebensunwert. Die Gesellschaft steckte voller Vorurteile. Daß Menschen mit Down-Syndrom nur eine Lebenserwartung von 25 bis 30 Jahren haben, entspringt dem nationalsozialistischen Euthanasieprogramm.

Und sollten Sie sich einmal aus irgendeinem Grund die Mühe machen, Literatur zum Thema »Das Euthanasieprogramm der Nationalsozialisten in bezug auf Menschen mit geistiger Behin-

derung« zu suchen, wird man auch da feststellen, daß dieses
Thema stiefkindlich behandelt worden ist. Während die Publikationen zu Themen wie Verfolgung und Ermordung von
Juden, Homosexuellen und Kommunisten ins Hunderttausend-
fache gehen, muß man nach Materialien über die Ermordung
behinderter Menschen richtig suchen, vergleichbar mit Sinti
und Roma, und wenn man fündig wird, sind es oft Bücher die
von Interessenverbänden wie der »Bv. Lebenshilfe für Menschen mit geistiger Behinderung« oder der »Aktion Mensch
(früher Sorgenkind)« herausgegeben wurden. Das gesamtgesell-
schaftliche Interesse scheint sich da eher in Grenzen zu halten.

Auch die These, daß Trisomie 21* eine Erbkrankheit ist, ist
seit Jahrzehnten widerlegt. Da die Gesellschaft, resp. die Menschen aus denen sich diese zusammensetzt, derartige Vorurteile aber gespeichert hatten, war es in den fünfziger, sechziger
und teilweise auch in den siebziger Jahren sehr schwer für die
Eltern und auch die Geschwister, mit dem »Problem« umzugehen.

Auf die Jahre davor will ich an dieser Stelle nicht mehr ein-
gehen. Die Beiträge der Geschwister, die in diesen Jahren Kind
waren, sprechen für sich.

Man hatte einen Makel, war aussätzig, man wurde auf der
Straße angestarrt, Menschen drehten sich unverblümt um und
guckten einem mit offenem Mund hinterher. »Meine Mutter
wurde oft gefragt, warum sie ein solches Kind überhaupt
behielt und nicht in ein Heim gäbe. Wenn sie sich über den
Kinderwagen beugte, verliebt in ihr Baby wie jede Mutter und
mit ihrem Kind sprach, wurde sie zurechtgewiesen: ›Mit einem

---

* med. Bezeichnung für die Behinderung von Menschen mit Down-Syndrom

solchen Kind brauchen Sie nicht zu sprechen, die ist doch sowieso zurückgeblieben.‹« Selbst innerhalb der Familien fanden diese Mütter oft keinen Halt. Die eigenen Eltern schämten sich, daß ihr/e Sohn/Tochter so ein Kind zur Welt gebracht hatte. In den Familien hörte man Sätze wie: »So etwas ist in unserer Familie aber noch nie vorgekommen.« Es mußten schlechte Gene vorhanden sein, und die mußten dann von der Familie des anderen, also der Schwiegertochter/des Schwiegersohnes kommen. Das machte es den Mütter, Vätern und Geschwistern nicht gerade einfacher. Sie und *nur* sie mußten mit diesem Schicksal fertig werden und die Verantwortung für dieses Menschenkind übernehmen.

In diesem Buch sollen also die zu Wort kommen, die in einer Zeit mit ihrem behinderten Geschwister aufwuchsen, in der es keine Hilfen gab, in der die Gesellschaft als Feind vor der Tür stand, in der man keine Therapeuten zu Hilfe nehmen konnte und in der auch Tagungen mit behinderten Kindern, ihren Eltern und ihren Geschwistern mit einem geschärften Blick auf das Verhalten der Geschwisterkinder Utopie waren.

Erwachsene richten ihren Blick zurück – auf ihre Kindheit, auf eine Zeit in der alles noch etwas schwieriger war als heute in einer Situation, die für sich genommen immer problematisch war, ist und bleibt.

Sie haben ihre Geschichte aufgeschrieben, oder sie haben sie mir erzählt, ihre Erinnerungen, sehr ehrlich, sehr persönlich.

Daraus sind hochsensible Portraits entstanden, von dem jedes seine eigene Faszination hat. Ich weiß wie schwer es einigen gefallen ist, wieder einzutauchen in die Erinnerungen der Kindheit.

Deshalb danke ich an dieser Stelle allen Geschwistern für ihr Vertrauen und ihren Mut.

Geschwister erzählen

Auf den folgenden Seiten wurde der Versuch unternommen, sieben Portraits zu zeichnen, die inhaltlich wie auch stilistisch sehr unterschiedlich sind. Sie sind so unterschiedlich, wie die Menschen, die sie erlebt haben, wie die Zeit von der sie handeln.

Manche Geschwister haben ihre Kindheit mit Hilfe einer Liste von Fragen aufgeschrieben, einige bevorzugten das Gespräch. Auf sechs schon zugesagte Beiträge mußte verzichtet werden, weil die Geschwister nicht die Kraft hatten, sich auf ihre Kindheit einzulassen.

Sie wollten sich nicht mehr daran erinnern, wollten sie ruhen lassen.

Ein Gespräch mit einer Schwester, deren Bruder im Rahmen des nationalsozialistischen Euthanasieprogramms ermordet worden ist, hat eine andere Gewichtung, als ein Text, der eine Kindheit der sechziger oder siebziger Jahre beschreibt. Doch auch da gibt es Unterschiede. Eine Schwester, die mit der Geburt ihrer geistig behinderten Schwester die Liebe der Mutter verliert, hat eine schwierigere Kindheit bewältigen müssen, als ein Bruder oder eine Schwester, der im Rahmen relativ »normaler« Bedingungen an der Seite des »Sorgenkindes« aufwuchs.

Auch die Emotionalität der Geschwister ist sehr verschieden ausgeprägt. Die beiden männlichen Geschwister, der Bruder von Waltraud und der Bruder von Bobby, sagen sehr wenig über ihre eigenen Gefühle. Andere stellen ihre Gefühle in den Vordergrund.

Schließlich fällt der letzte Beitrag »Und Bobby ist ein Star« völlig aus dem Rahmen, aber Bobby ist auch eine Berühmtheit. Am Beitrag des Bruders von Bobby Brederlow zeigt sich, was sich inzwischen zum Positiven verändert hat, Es stimmt optimistisch, daß nach vielen Jahren der Diskriminierung geistig behinderter Menschen ein Schauspieler mit Down-Syndrom einen Bambi erhält.

Trotz der Vielfalt der Beiträge, gibt es eine große Gemeinsamkeit: Die Bindung an das behinderte Geschwister, mit der Konsequenz, für es zu sorgen, ist allen gemein. Und das ist unabhängig von den Erfahrungen und Leiden der Kindheit. Bei allem Schmerz und aller Traurigkeit blieb die Beziehung zum Bruder oder zur Schwester unerschütterlich.

Die Portraits

Ein Denkmal für Kalle

Elisabeth wuchs im nationalsozialistischen Deutschland auf. Sie hatte zwei Brüder. Den drei Jahre älteren Friedhelm und den vier Jahre jüngeren Kalle (Karl-Heinz), der mongoloid war. Heute ist sie 68 Jahre alt.

Ein Gespräch

Das Haus ist dunkel. Erst als wir um einige Ecken gegangen sind, kommen wir in eine freundliche Erkerecke. Man kann in den Garten sehen. Elisabeth zündet Kerzen an. Es ist Advent. Erwartungsvoll sieht sie mich an, bevor sie schließlich aufspringt und in einer Schublade kramt. Sie gibt mir ein vergilbtes altes Foto, auf dem zwei Kinder zu sehen sind.

»Ihr Bruder?«

Sie nickt. Dann geht sie aus dem Zimmer und kommt mit Kaffee und Gebäck zurück.

»Kalle!«

Ein strohblonder Junge, kariertes Hemd, Kurzhaarschnitt, mongoloid*, strahlt mit einem Lausbubengesicht in die Kame-

---

* Die Bezeichnung Down-Syndrom kannte man zu der Zeit aus der Elisabeth erzählt noch nicht

ra, wobei er die Schwester umarmt hält. Sie, die Schwester, mit Zöpfen, weißem Blüschen und Karokleid. Ein Foto, wie man sie kennt, Ende der dreißiger Jahre im Nazideutschland.

»Wie war Ihr Verhältnis zu Ihrem Bruder? Haben Sie von klein auf gewußt, daß er anders war?«

»Das weiß ich nicht genau, ich habe meinen Bruder eigentlich nicht als behindert angesehen. Jedenfalls in den ersten sechs, sieben Jahren meiner Kindheit nicht. Anders, ja anders war er schon, und das war auch offensichtlich, weil er in der Familie anders behandelt wurde, abgesehen davon, daß er sich anders benahm. Bei meiner Mutter hatte er so etwas wie Narrenfreiheit. Vieles wurde bei ihm toleriert, was wir beiden anderen uns nicht hätten erlauben können.«

»Was zum Beispiel?«

»Nun, er versteckte sich oft, wenn irgend etwas Unangenehmes anstand, das Zimmer aufräumen zum Beispiel, dann mußten wir ihn im ganzen Haus suchen. Manchmal fanden wir ihn im Schuppen im Hof. Das war so ein alter Hühnerstall, in dem einige Fahrräder standen und der mehr als Abstellraum diente. Kalle saß dann meist in der hintersten Ecke. Für ihn war das ein Spiel. Er schmollte erst, wenn man ihn gefunden hatte, später lachte er dann schelmisch. Er war ein fröhliches Kind, hing immer am Rockzipfel meiner Mutter, half ihr in der Küche. Dort hielt er sich am liebsten auf, denn in der Küche roch es immer gut, wurde gekocht, gebacken und schließlich gegessen. Das liebte er. Gemütlichkeit. Er aß gern und mit großem Appetit. Außerdem war er gesellig und unterhaltsam, er hatte durchaus komisches Talent. Wir haben sehr viel mit ihm und manchmal auch über ihn gelacht. Er konnte manche Wörter nicht richtig aussprechen, was sich dann oft sehr komisch anhörte, und wir haben uns dann köstlich amüsiert. Ich habe ihm sehr viel beigebracht, habe mich eigentlich immer mit ihm beschäftigt. Das war auch ganz klar meine Aufgabe. Ich war die Große, die auf ihn achtgeben, ihn behüten sollte. So habe ich sehr früh Verantwortung übernommen. Viel Mühe habe ich darauf verwendet, ihm Lesen und Schreiben beizubringen. Teilweise hatte ich damit großen Erfolg. Immerhin konnte er ein paar Worte schreiben. Er war ja noch klein. Kalle tat aber auch oft Dinge, die einfach nicht vorhersehbar waren. Er schüttete zum Beispiel mit Vorliebe Töpfe oder Dosen aus. Einmal kam ich in die Küche und er hatte sämtliche Vorratsdosen ausgeschüttet. Es gibt Schlimmeres, könnte man sagen, aber Sie dürfen die Zeit nicht vergessen. Man bekam ja kaum Lebensmittel. Mehl, Zucker, Reis und Gries waren damals mehr wert als heute eine Kreditkarte. Ich habe dann alles versucht mit einem Löffel vorsichtig vom Boden in die Dosen zurückzuschaufeln, was sehr schwierig war. Und ich hatte Angst, daß meine Mutter etwas merken würde. Aber sie hat nie etwas gesagt. Bis heute weiß ich nicht, ob sie es nicht bemerkt, oder einfach nur nichts gesagt hat.

»War er immer im Haus oder gingen Sie auch mit ihm nach draußen? Spielten Sie zum Beispiel mit ihm in der Nachbarschaft?«

»Nein, das war in dieser Zeit nicht möglich, er wurde behütet wie ein Augapfel. Das war nicht leicht. Wir waren Kinder. Unsere Eltern hatten uns genaue Instruktionen gegeben. Wir durften ihn nicht erwähnen, nicht über ihn sprechen. Das war zu gefährlich. Ich weiß, daß ich damit schwer zu tun hatte, weil ich es nicht verstanden habe und von den Eltern auch keine nähere Erklärung bekam.«

Sie weint, steht auf, holt ein Taschentuch. Ihr Mann kommt
herein. Er hat einen Schäferhund bei sich, der sofort zu mir
kommt, um ausgiebig an mir zu schnuppern. Ich bin froh über
die Unterbrechung, streichle den Hund, der sich zu meinen
Füßen legt und nicht den Eindruck erweckt, diesen Platz
jemals wieder verlassen zu wollen.

»Sie müssen sich vorstellen, ich war erst knapp zwölf und
er war acht. Es war acht Uhr am Morgen, als sie kamen, um
ihn zu holen. Meine Mutter stand völlig hilflos da, im Mor-
genmantel. Kalle hatte zu der Zeit ein Lager im Keller gehabt.
Es gab eine Klappe, die geschlossen werden mußte. Dann
hatte er natürlich Angst allein da unten. Meistens hat einer
von uns dann auch unten geschlafen. Er hat uns so leid getan.
Er wußte ja nicht, warum er dort schlafen mußte. Sie durch-
suchten auch den Keller, fanden ihn und nahmen ihn mit. Wir
haben ihn nie wiedergesehen.«

»Wie, glauben Sie, sind sie auf Ihren Bruder gekommen,
wenn er das Haus nicht verließ und sich nur dort aufhielt?«

»Es gab ja genug Nachbarn, die ihn als Baby im Kinderwagen gesehen haben. Viele Leute in der Straße wußten, daß wir
ein geistig behindertes Kind im Haus hatten. Manchmal ging
meine Mutter auch mit ihm zum Arzt oder zu Verwandten. Es
gab ja Situationen, in denen es sich nicht vermeiden ließ, daß
Kalle das Haus verließ. Aber das waren eben Ausnahmen.
Unser Hausarzt, der sehr nett war, hatte meiner Mutter
irgendwann geraten, nicht mehr mit Kalle zu ihm zu kommen.
Da Kalle aber öfter kränkelte, kam er von da an zu uns, wenn
etwas war. Jahrelang habe ich darüber nachgedacht, wem ich
das zutraue. Im Prinzip kann es jeder in der Straße gewesen
sein und letztendlich, auch wenn ich es nicht glaube, auch der

Hausarzt. Das war ja das Schlimme in der Zeit, daß man jedem alles zutrauen mußte, niemandem vertrauen durfte. Es kann jeder gewesen sein. –

Einige Zeit zuvor, im gleichen Jahr, war mein Bruder Friedhelm freiwillig in den Krieg gegangen, blind vor Eifer und Ehrgeiz. Das machten viele Jungen damals. Er war vierzehn. Einige Monate später bekamen wir Nachricht, daß er gefallen sei. Meine Mutter weinte sich die Augen aus dem Kopf, mein Vater sprach kaum noch. Der einzige Lichtblick in unserem Haus war Kalle gewesen, der uns durch seine Fröhlichkeit den Kummer ab und zu vergessen ließ. Ich habe oft mit ihm auf dem Boden gelegen und Domino gespielt oder auch gemalt. Wir haben gebastelt für Weihnachten, für Ostern oder für einen Geburtstag – irgendeinen Anlaß gab es immer. Es gab ja noch kein Fernsehgerät. Daher mußte man erfinderisch sein und konnte seine eigene Kreativität ganz anders entfalten. Radio gehört haben wir natürlich ab und zu, Märchen, Krimis oder Fortsetzungshörspiele.

Als Friedhelm noch da war, hat meine Mutter manchmal abends Klavier gespielt und dann haben wir gesungen und getanzt. Kalle drehte sich manchmal stundenlang im Kreis und wedelte dabei mit den Händen in der Luft herum. Oft war ihm nachher schwindelig.«

»Wie ging es dann weiter, was haben Sie und Ihre Eltern unternommen, konnte man überhaupt etwas unternehmen?«

»Nein! Aber das war uns, bzw. meinen Eltern zu der Zeit noch nicht klar. Ich selbst war zu klein, ich hatte nur wahnsinnige Angst um meinen Bruder, ich konnte nicht mehr schlafen, nicht mehr essen. Ich habe unter Schock gestanden, glaube ich. Während dessen stürzten sich meine Eltern in blinden

Aktionismus. Sie schrieben Briefe, sprachen mehrmals bei der Polizei vor, beim Pfarrer, überall. Was sollten sie auch tun. Irgend etwas muß man ja unternehmen. Später habe ich mich oft gefragt, ob sie jemals die Nazi-Propaganda-Filme gesehen hatten. Die gab es ja. In den Kinos wurden sie, glaube ich, gezeigt. Ich weiß es nicht. Wir haben nie darüber gesprochen.

Als wir von Kalles Tod erfuhren – wir bekamen einen Brief mit der Nachricht, daß er an Herzversagen gestorben sei – hat meine Mutter nur noch ein paar Monate gelebt. Sie ist buchstäblich an gebrochenem Herzen gestorben. Sie konnte nicht mehr weiterleben.«

»Aber Sie waren doch auch noch da, hätte sie nicht versuchen müssen für ihre Tochter durchzuhalten? Sie haben zwei Brüder verloren und dann auch noch die Mutter, waren Sie nicht wütend, daß Ihre Mutter Sie allein gelassen hat mit ihrem Vater?«

»Doch, sicher war ich das, vor allem weil ich sie in der Pubertät wirklich gebraucht hätte. Ich konnte dieses Schicksal in dem Alter kaum verwinden – eigentlich kann ich es bis heute nicht – aber auf der anderen Seite konnte ich sie auch verstehen. Sie hatte die Kraft und den Mut verloren. Sie hat an das Leben und vor allem an die Menschen nicht mehr geglaubt. Wohin sie blickte waren Mörder. Ich weiß ja auch nicht, was geworden wäre, wenn Sie nicht gestorben wäre. Es hätte dann sein können, daß sie seelisch oder körperlich schwer erkrankt wäre. Dann hätte sie für mich auch nicht viel tun können. Vielleicht hat sie das gewußt oder geahnt. Natürlich habe ich mir oft und viele Gedanken gemacht – das ist ganz klar.

Ich habe aber mit den Jahren herausgefunden, daß solche Überlegungen sinnlos sind. Es ist gewesen, wie es war. Ich habe Kalle nie vergessen, viel um ihn geweint. Auch heute, wenn ich an ihn denke schießen mir die Tränen in die Augen. Was man den Menschen unter Hitler angetan hat – nicht nur den Behinderten – ist wohl mit das Schlimmste, was man je verbrochen hat.«

»Was wurde dann aus Ihnen? Blieben Sie beim Vater?«

»Erst kam ich zu einer Tante aufs Land. Dort war Frieden. Und meine Tante, die Schwester meiner Mutter, kümmerte sich rührend um mich. Sie hat meine Mutter und meine Brüder, besonders Kalle sehr geliebt. Ihr ging es selber nicht gut. Immer hatte sie versucht, meine Mutter zu überzeugen, Kalle zu ihr aufs Land zu bringen. Er wäre dort sicherer gewesen. Niemand hätte von seiner Existenz gewußt. Der Hof meines Onkels war groß, mit vielen Stallungen. Dort hätte man ihn wahrscheinlich besser schützen können. Aber wer weiß das schon wirklich?

Ich hatte das Gefühl, daß meine Tante ihre ganze Liebe nun auf mich konzentrierte oder daß sie an mir alles wieder gutmachen wollte, was das Schicksal unserer Familie angetan hatte. Sie hat mich bis zu ihrem Tod vor einigen Jahren, nicht mehr aus den Augen gelassen.«

»Hat Sie das über den Verlust Ihrer Mutter hinweggetröstet?«

»Soweit man das so sagen kann, sicherlich. Natürlich hat meine Mutter mir schrecklich gefehlt. Aber meine Tante hat das zum Teil sicher aufgefangen. Jedenfalls weiß ich nicht, wie es geworden wäre, wenn es sie nicht gegeben hätte. Etwa ein halbes Jahr war ich bei ihr, dann ging ich wieder zurück zu meinem Vater. Der hatte für uns inzwischen eine kleinere Wohnung angemietet. In unserem alten Haus hat er es nicht mehr aushalten können. All die Erinnerungen. Und es war auch zu groß für uns beide.

Mein Vater war froh, daß er mich hatte, glaube ich, obwohl er seit dem Tod meiner Mutter nicht mehr viel sprach. Er verbrachte die meiste Zeit in seiner Werkstatt, er war Schuhmacher, und bastelte dort an seinen Schuhen.«

»Was haben diese Erfahrungen in Ihrer Kindheit und das kurze Leben an der Seite ihrer Brüder und ihrer Mutter mit Ihnen gemacht. Inwieweit glauben Sie hat das Einfluß auf den Verlauf Ihres Lebens gehabt?«

»Ich habe zum Beispiel sehr viele Krankheiten gehabt, die sicherlich psychische Ursachen hatten. Jahrelang hatte ich Tuberkulose, das fing mit 16 Jahren an. Ich war zwei Jahre lang nur in Kliniken und in Sanatorien zu Kuraufenthalten. Heute noch leide ich an Asthma. Das Schlimmste waren aber Angstpsychosen, die mich nicht schlafen ließen. Ich fühlte mich andauernd bedroht oder verfolgt. Ich ging auch keine Freundschaften ein, auch nicht in der Schule. Ich war eine Einzelgängerin, die vor allem und jedem Angst hatte. Mir fehlte das Vertrauen. Wenn es um Hausaufgaben ging, traf ich mich auch mit einigen Mädchen. Sobald sie mich aber zum Geburtstag einluden, sagte ich ab. Das führte natürlich dazu, daß ich nicht mehr eingeladen wurde, was nicht das Schlimmste war. Außerdem führte es aber auch dazu, daß ich als sonderbar galt, was sich schließlich auch bei den Lehrern herumsprach.

Später habe ich dann meinen ersten Mann kennengelernt. 1954 haben wir geheiratet. Ich war 22, er 30. Die Ehe hielt drei Jahre. Ich habe mich zu der Zeit nur mit der Politik des Dritten Reiches beschäftigt, sämtliche Bücher zu dem Thema gelesen, jeden Vortrag besucht, mich politisch engagiert. Für alles andere hatte ich keinen Sinn. Den Amüsierdrang der jungen Leute der fünfziger Jahre habe ich einfach nicht gespürt. Weder Kaugummi, Schokolade noch Twist haben mich interessiert. Diese Zeit habe ich einfach übersprungen. Sie hat für mich nicht stattgefunden. Viele haben sich ja, gerade weil sie vergessen, sich ablenken wollten, in dieses oberflächliche Getummel gestürzt. Ich wollte aber nichts verdrängen, sondern ich wollte es verstehen. Daß das nicht möglich sein konnte, weil man diesen Wahnsinn und grenzenlosen Haß gar nicht verstehen kann, habe ich erst viele Jahre später wirklich begriffen.

Mein Mann gehörte aber zu denen, die vergessen und verdrängen wollten, die einfach nur leben wollten. Er wollte so schnell wie möglich eine Familie gründen, sich eine heile Welt aufbauen. Kinder wollte ich aber nicht. Ich konnte mir nicht vorstellen, noch einmal Verantwortung zu übernehmen, die mir dann vielleicht wieder aus der Hand genommen würde. Denn so war es mir mit meinem mir anvertrauten Bruder ergangen. Diese Ehe konnte also nicht gut gehen. Inzwischen hatte ich ganz gut Englisch gelernt. So ging ich in die USA, genauer nach New York. Ich mußte dieses Deutschland verlassen. Richtig studieren konnte ich dort nicht, mir fehlte das Abitur. Es gab aber die Möglichkeit, eine Art Gasthörerschaft, so würde man es heute nennen, zu machen. So saß ich dort in den Vorlesungen und Seminaren, hauptsächlich Geschichte, und bekam einen geschärfteren Blick auf Deutschland. Ich werde leider nie erfahren, ob meine Eltern jemals daran gedacht haben, mit uns ins Ausland zu gehen, oder ob sie die Gefahr möglicherweise nicht erkannt haben, oder ob sie sie

erkannt haben, als es zur Flucht zu spät war. Ich weiß es einfach nicht.«

»Wann sind Sie nach Deutschland zurückgekommen?«

»In den frühen sechziger Jahren ging ich nach Deutschland
zurück. Ich hatte eine mehrjährige Therapie hinter mir und
fühlte mich etwas stabilisiert. Jedenfalls hatte ich inzwischen
ein Ziel. Ich wollte eine Ausbildung zur Erzieherin machen,
was ich auch tat. Nachdem ich die erfolgreich abgeschlossen
hatte, habe ich eine sonderpädagogische Zusatzausbildung
absolviert, die mir dann schließlich ermöglichte, mit behinderten Kindern zu arbeiten. Mitte der sechziger Jahre wurden
die ersten Sonderkindergärten eingerichtet. Vorher gab es Ver-
gleichliches natürlich nicht. Nun wuchs quasi die erste Gene-
ration behinderter Menschen heran, nachdem zuvor jahrelang
behinderte und psychisch kranke Menschen ermordet worden
waren und man dem Volk ebenso lang den Gedanken vom
»unwerten Leben« eingetrichtert hatte. Das waren schwierige
Jahre. Die Mütter schämten sich fast alle für ihr Kind.

Wir Pädagoginnen hatten es auch schwer. Drohbriefe, Dro-
hanrufe waren an der Tagesordnung. »Unter Hitler wären
eure Kleinen alle vergast worden. Und ihr versucht, denen
noch was beizubringen!« Solche und ähnliche Sätze bekamen
wir zu hören oder zu lesen. Passiert ist allerdings nie etwas,
Gott sei Dank!

Dieser Beruf hat meinem Leben einen Sinn gegeben. Vieles,
was ich meinem Bruder gerne noch beigebracht oder was ich
gerne noch mit ihm erlebt, ihm gerne gegeben hätte, habe ich
so vielen anderen Kindern geben können. Und das war ein
Segen. Die Kinder haben mich geliebt und ich sie. Möglicherweise haben sie gespürt, daß ich es ehrlich mit ihnen meine.

Mit 35 Jahren habe ich zum zweiten Mal geheiratet, endlich einen Partner gefunden, der mich akzeptieren kann wie ich bin mit all dem, was Teil von mir ist. Sicher hätte er auch gerne Kinder gehabt, hat aber meine Entscheidung dagegen immer akzeptiert. Er liebte eben nicht eine Frau zum Zwecke der Familiengründung, sondern mich als die Frau, die ich bin. Das war genau das, was ich brauchte, und es hat bis heute gehalten. Bei ihm habe ich die Ruhe und Sicherheit gefunden, die ich brauchte, um nach der Kindheit, dem Leben noch etwas Lebenswertes abzugewinnen. Daß der Beruf in meinem Leben immer die Nummer Eins war und ich ganz in den Projekten aufging, hat ihn nie gestört.

Im nachhinein habe ich dann doch noch Glück gehabt.«

Durch das Fenster sehe ich, wie ihr Mann im Garten mit dem Hund spielt, und ich verstehe, was sie meint.

Ob sie mir das Foto für mein Buch geben möchte, gewissermaßen als »Denkmal« für Kalle. Es ist das einzige, was sie von ihm hat. Ich verspreche, daß ich gut darauf achten werde und sie es bestimmt zurückbekommt.

Nein, das Foto gibt sie nicht aus der Hand.

Eine Kindheit im Nachkriegsdeutschland

Waltraud wurde im April 1935 in Essen geboren. Es war eine verspätete, schwierige Geburt, bei der es zu Komplikationen kam und offensichtlich wurde, daß der Fötus seit geraumer Zeit nicht mehr ausreichend mit Sauerstoff versorgt worden war. Die daraus resultierende geistige Behinderung haben die Eltern und nahen Angehörigen – bewußt oder unbewußt – in den ersten Jahren nicht zur Kenntnis genommen, wohl wissend, wie sehr bereits in dieser Zeit gesundes »arisches Leben« in den Vordergrund gestellt wurde.

Im Dezember 1939 – der von den Nationalsozialisten angezettelte Krieg war gerade drei Monate alt, und die junge Familie hatte sich mit elterlicher Hilfe eine aussichtsreiche Existenz in Wuppertal aufgebaut – wurde der Bruder Herbert geboren. Diese Geburt verlief ohne Komplikationen, doch das Glück währte nur kurz: Bei einem der ersten großen Bombenangriffe auf Wuppertal wurde das Mehrfamilienhaus, in dem die Mutter mit den beiden Kindern wohnte, völlig zerstört. Der Vater war inzwischen eingezogen worden und kämpfte an der Ostfront. Mit einer ähnlich betroffenen, befreundeten »Restfamilie« wurden sie nach Grüsselbach an die Rhön evakuiert. Dort in ländlicher Abgeschiedenheit spürte man nur wenig von dem großen Krieg.

Der Vater war kurz vor Ende des Krieges in Polen in russische Gefangenschaft geraten und kehrte somit, wie so viele andere, gegen Kriegsende nicht nach Hause zurück. Die Gefangenschaft währte – überwiegend bei schwerer Zwangsarbeit im Ural – bis Ende 1949.

In der Zwischenzeit, etwa 1946, bekam Waltraud in der Evakuierung ihren ersten epileptischen Anfall. Sie verkrampfte, fiel zu Boden, verfärbte sich wegen des Sauerstoffmangels blau und schüttelte sich schließlich. Nur langsam kam sie später wieder zu sich. Das war ein dramatischer Einschnitt, ein Schock und Alptraum für die Mutter und erst recht für den erst sechsjährigen Bruder.

Die Anfälle traten zunächst nur sporadisch auf, mit der Zeit jedoch immer öfter. Nur gut, daß es in dieser Zeit in Grüsselbach keine Sorge um das tägliche Brot gab.

Du solltest doch auf deine Schwester aufpassen

1947 mußten Mutter und Kinder wieder zurück nach Essen, in die Wohnung des inzwischen verwitweten Großvaters. Andernfalls hätten dem Großvater – nach einer bereits erfolgten – weitere Zwangseinweisungen in seine Wohnung gedroht. Nach diesem Umzug lebten nun sieben Personen – zwei Alleinstehende, eine zweiköpfige und eine dreiköpfige Familie – auf 85 qm Wohnfläche.

Waltraud war ein sehr behütetes Kind, das aufgrund seiner Sehschwäche nur selten aus dem Haus kam, und wenn, dann nur in Begleitung, nie allein. Bei warmem Wetter stellten ihr die Mutter oder der Großvater einen Stuhl in den Garten. Auf dem konnte sie dann sitzen und ihrer über alles geliebten Puppe alles erzählen, was ihr so im Kopf herumging.

Im Sessel der Großvater, auf der Armlehne Waltraud,
dahinter Herbert

Waltrauds Epilepsie hatte sich sehr verschlimmert. Sie hatte nun täglich bis zu zehn Anfälle, und wenn sie zu Beginn des Anfalls aufrecht stand, fiel sie rücklings um. War nicht in unmittelbarer Nähe zufällig ein Erwachsener, der sie auffangen und halten konnte, verletzte sie sich oft stark.

In diesem Zusammenhang erinnert sich der Bruder heute noch an eine Schlüsselszene:

Der dominierende und zu Jähzorn neigende Großvater hatte ihm aufgetragen, auf die Schwester im Garten achtzugeben. An dem Tag bekam Waltraud einen Anfall, bei dem er ihr nicht hatte helfen können. Er war acht oder neun Jahre alt und viel kleiner als die dreizehnjährige Schwester, die er, wenn sie sich aufbäumte und dann fiel, auch gar nicht halten konnte. Sie fiel an diesem Tag jedenfalls sehr schwer und verletzte sich zum wiederholten Mal am Hinterkopf. Die Vorwürfe und die Schimpfe, die Herbert daraufhin vom Großvater bekam, verletzten ihn mehr als eine Tracht Prügel.

Bei einem anderen heftigen Anfall fiel Waltraud innerhalb der Wohnung so unglücklich, daß sie mit der Hand auf der fast glühenden Herdplatte aufkam.

Sie trug Verbrennungen dritten Grades davon, die später glücklicherweise verheilten.

Waltraud gab jedem zum Abschied die Hand

Anfang 1949 verschlechterte sich ihr Gesundheitszustand gravierend. Der Arzt war fast täglich im Haus und teilte der Familie schließlich mit, daß er nicht mehr helfen könne und es mit Waltraud wohl zu Ende ginge. Sie war zu dem Zeitpunkt schon länger ohne Bewußtsein und nahm nichts mehr zu sich.

Schweren Herzens versammelten sich Mutter, Bruder, Großvater, Tante und Onkel um ihr Bett, um Abschied zu nehmen.

Doch dann geschah für alle Anwesenden etwas Unfaßbares, ein Wunder:

Waltraud erwachte aus ihrer Bewußtlosigkeit, richtete sich mit hochrotem, fiebrigem Kopf auf und gab jedem nacheinander die Hand, für alle klar verständlich – eine Verabschiedung. Danach legte sie sich wieder hin und schlief einige Tage, ohne aufzuwachen. Von diesem Tag an wurde sie langsam und stetig wieder gesund.

Die schwer lastende Verantwortung hatte ihren Tribut gefordert

1951 zog die inzwischen komplette Familie wieder nach Wuppertal, wo der Vater seine schon vor dem Krieg betriebene Handelsauskunftei wieder in Gang gebracht hatte. Ein Jahr lang war er – manchmal mit der Mutter zusammen – täglich mit Bus oder Bahn zwischen Essen und Wuppertal hin- und hergefahren. Insbesondere die Tage allein mit dem Großvater waren für Herbert schwierig. Der Großvater liebte Waltraud sehr, sorgte sich um sie und verpflichtete den Bruder immer wieder, auf die Schwester aufzupassen. Der inzwischen elfjährige war damit immer noch überfordert.

Herbert hatte zwar kein eigenes Zimmer, sondern teilte eins mit Waltraud, aber die Last der Verantwortung, der er nicht gerecht werden konnte, lag nicht mehr auf seiner Seele.

Diese jahrelange Last hatte jedoch bereits ihren Tribut gefordert: Herbert wurde krank. Besonders Kopfschmerzen und Magenbeschwerden häuften sich und entwickelten sich dann zu Magengeschwüren und Migräneanfällen. Schließlich traten die Migräneanfälle immer heftiger und häufiger auf und endeten mit Übelkeit und Erbrechen. Danach half nur Schlaf. Die Ärzte konnten nicht helfen und machten das vegetative Nervensystem als Ursache aus. So empfahl man schließlich einen Klimawechsel.

Jeden Samstag ein Brief nach Hause

Eine berufliche Verbindung des Vaters nach Wiesbaden ermöglichte ab Ostern 1953 die Aufnahme in ein Internat im Taunus, wo Herbert bis zum Abitur 1961 blieb. Die Zeit im Internat tat besonders seiner gesundheitlichen Entwicklung gut. Die Migräneanfälle ließen langsam nach und verloren sich nach etwa zwei bis drei Jahren ganz. Die Magenprobleme hielten länger an und waren erst nach etwa fünf Jahren auskuriert. Die für die damalige Zeit weite Entfernung machte Wochenendbesuche praktisch unmöglich, so daß Herbert nur in den Schulferien nach Hause konnte. Jeden Samstag schrieb er einen ausführlichen Brief an die Familie, den durfte er nicht vergessen, denn alle warteten darauf. Und im Verlauf der Woche kam – meistens geschrieben von der Mutter – die (besonders in den ersten Jahren) heißersehnte Antwort.

Es war sicherer zu, schweigen

Waltraud führt ihr Eigenleben, lebte und lebt in ihrer eigenen verschlossenen Welt. Sie mag Volksmusik, ganz besonders Stücke von Willi Schneider. Ihre besondere Liebe gilt aber der Operettenmusik.

Herbert in den sechziger Jahren

Sie hat immer viel geschlafen, teils wegen der Anfälle und
teils wegen der immer und jeden Tag, auch heute noch erforderlichen Medikamente.

Zusammen gespielt haben die Geschwister wenig, manchmal mit dem Ball. Dann mußte man aber genau zielen, denn
Waltraud hielt die Arme gerade vor sich und genau da mußte
der Ball hin. Sie konnte ihn wegen der starken Sehschwäche
nicht kommen sehen. Den Ball, den sie warf, wiederum zu
fangen war auch eine Herausforderung, weil sie ihn natürlich
auch nicht gezielt werfen konnte.

In eine Schule ist Waltraud nicht gegangen, was gerade in der
Zeit des Nationalsozialismus nicht einfach zu begründen war.
Schließlich hat man der Mutter die private Unterrichtung zu
Hause erlaubt, aufgrund Waltrauds Schwächlichkeit und ihrer
starken Sehschwäche, die durch eine Brille nicht zu beheben
war. Das Zugeben einer geistigen Behinderung wäre zu dieser
Zeit lebensgefährlich gewesen, weshalb Waltraud in diesen
Jahren mehr oder minder versteckt und die Behinderung Drit-
ten, auch dem kleinen Bruder gegenüber, nie thematisiert
wurde. Obwohl eine hundertprozentige Abschirmung kaum
möglich war, hat man die Familie nie denunziert, was im Nazi-
Deutschland sonst durchaus an der Tagesordnung war.

Waltraud hat also zu Hause Unterricht bekommen und gut
sprechen gelernt. Einen größeren Freundeskreis haben die
Eltern nicht gehabt, da er auch nicht hätte gepflegt werden
können. Besuche im Elternhaus waren durchaus üblich, doch
schon Gegeneinladungen oder andere Verabredungen waren
problematisch. Auf Dauer gehalten haben nur ganz wenige
Freundschaften und der Kontakt zur Verwandtschaft.

Waltraud 1955

Wo sollte Waltraud hin?

1967, nach dem Tod des Großvaters, zog die Familie zurück
nach Essen. Der Vater verkaufte sein Geschäft und setzte sich
zur Ruhe. Herbert heiratete im gleichen Jahr. Waltraud war
nun öfter in Begleitung des Vaters, der sie zu allen anfallenden
täglichen Gängen mitnahm. Besonders gern ging sie mit zum
Einkaufen oder in den nahegelegen Park spazieren. Ihre epileptischen Anfälle sind mit den Jahren immer weniger geworden, und schließlich blieben sie ganz aus.

Anfang der achtziger Jahre erkrankte die Mutter an Brust-
krebs, der nach einer Operation einige Jahre als geheilt galt,
jedoch kurz nach dem Tod des Vaters wieder ausbrach. Am
darauffolgenden Heiligabend brach die Mutter auf dem Weg
zur gemeinsamen Feier in der Eingangstür zu Herberts Wohnung zusammen. Sie mußte mit dem Notarzt ins Krankenhaus
gebracht werden. Drei Wochen später starb sie. Wer ange-
nommen hatte, daß Waltraud nach dem Verlust ihrer wichtigsten Bezugsperson zusammenbrach, wurde eines besseren
belehrt. Natürlich trauerte und litt sie, aber sie war auch überraschend vernünftig und verständig im Zusammenhang mit
den Überlegungen, wie und wo sie nun leben sollte. Irgendei-
ne Vorsorge für Ihre Zukunft war nicht getroffen worden.

Erste Anlaufstelle für Herbert war die Kirchengemeinde, in
der der Großvater schon Presbyter gewesen war, seine Eltern
und er getraut und seine Kinder getauft worden waren. Der
Pfarrer bot Herbert an, einmal in der Woche eine Gemeinde-
schwester für eine Stunde zur Körperpflege vorbeizuschicken.
Seitdem hat sich Herberts Verhältnis zur Kirche grundlegend
geändert.

Ein Kunde der Bank, bei der er beschäftigt war und den er in seiner Not angesprochen hatte, vermittelte ihm schließlich einen Platz in einem Seniorenheim, wo er Waltraud einen Kurzzeitpflegeplatz vermittelte.

Allerdings mußte innerhalb von drei Monaten eine andere Lösung gefunden werden.

Über die Werkstätten der Lebenshilfe, wo der Bruder ihr einen Behinderten-Arbeitsplatz organisierte, um etwas Abwechslung in ihren Alltag zu bringen, kam schließlich Hilfe.

Mit sechzig geht man in Rente

Im Februar 1989 konnte Waltraud schon ein Zimmer in einem Behinderten-Wohnheim beziehen und fühlt sich dort sehr wohl.

Mit knapp fünfundfünfzig Jahren wurde sie zum ersten Mal zur Arbeit abgeholt. So ganz uneingeschränkt hat ihr das vermutlich nicht zugesagt, obwohl sie sich nie beklagt hat. Als sie irgendwann mitbekam, daß man mit sechzig in Rente gehen kann, stand für sie fest, daß sie ab ihrem 60. Geburtstag nicht mehr zur Werkstatt gehen würde.

Kein noch so gutes Zureden ihres Bruders konnte an diesem Vorhaben rütteln. Inzwischen ist sie fünfundsechzig Jahre alt und seit fünf Jahren Rentnerin.

Da müssen Sie schon meinen Bruder fragen

Seit dem Tod der Eltern ist Herbert Waltrauds Vormund. Das war ihr ausdrücklicher Wunsch und auch sein eigener.

Alle zwei bis drei Wochen besucht er sie, geht mit ihr spazieren oder sie besuchen die Eltern auf dem Friedhof. Bei schlechtem Wetter holt er sie zu sich nach Hause. Dort ist sie gern. Waltraud schätzt die Meinung ihres Bruders. Er ist ihre wichtigste Bezugsperson. »Da müssen Sie schon meinen Bruder fragen«, pflegt sie zu sagen. Sie vertraut ihm.

Epileptische Anfälle sind seit Jahren nicht mehr aufgetreten. Bis auf einen gelegentlichen Husten, ist ihr Gesundheitszustand stabil.

Waltraud ist nicht besonders mitteilsam, man muß sie schon gezielt fragen, um etwas aus ihr herauszubekommen.

Oder es muß ein Thema sein, für das sie sich besonders interessiert: Willi Schneider zum Beispiel, den sie einmal persönlich kennengelernt und von dem sie ein Autogrammfoto bekommen hat. Das steht in ihrem Zimmer.

Und der Bruder?

Auch er ist inzwischen aus den Erwerbsleben ausgeschieden. Er ist zufrieden, weil er weiß, daß seine Schwester versorgt und finanziell abgesichert ist. Sorgen macht er sich für den Fall, daß ihm etwas passieren sollte, nicht. Er weiß, daß Waltraud sich wohlfühlt, dort, wo er sie untergebracht hat.

Und das ist gut so!

Geh ins Kloster
und nimm Hildegard mit!

Marie-Luise ist sechsundfünfzig Jahre alt. Sie hat zwei ältere Geschwister, ihren Bruder H., der drei Jahre, und ihre Schwester U., die acht Jahre älter ist. Ihre Schwester Hildegard wird bald fünfzig. Sie ist die Jüngste und hat das Down-Syndrom.

Eigentlich wollte ich nicht mehr nachdenken, über meine Kindheit, meine Jugend. Zu viele Tränen sind geflossen, heimlich, ungesehen. Damals als Hildegard auf die Welt kam. Es war der Tag, an dem ich meine Mutter verlor.

Vier Wochen nach Hildegards Geburt, ich besuchte seit zwei Wochen die erste Klasse der katholischen Volksschule, wurde ich in ein Kloster gebracht. In diesem Kloster wurden vorübergehend Waisenkinder aufgenommen. Es lebten dort im Wechsel etwa zehn bis zwölf Kinder über mehrere Wochen oder Monate – so lange bis sie in Familien vermittelt werden konnten. Im Sommer verbrachten dort an die fünfzig Kinder aus dem Ruhrgebiet die Schulferien. Das Haus betrieb einen Kindergarten und eine Hauswirtschaftsschule.

Ich bekam nie Post von zu Hause

Die Schwester Oberin war eine sehr strenge, energische aber gerechte Frau. Wenn ich mit ihr allein war, war sie anders. In den ersten Monaten war sie nur meine Tante, später aber war sie meine liebe, liebe Ersatzmutter. Die Schwester Oberin war die zehn Jahre ältere Schwester meiner Mutter. Offiziellen Kontakt durfte ich zu ihr nur einmal in der Woche haben, wie die anderen Mädchen auch. Es sei denn, ich war krank. Mit der Zeit verstand ich es, immer häufiger und zu den ungewöhnlichsten Zeiten krank zu werden.

Fünf Jahre lebte ich im Kloster. Die Ferien, fünfmal Weihnachten, dreimal Ostern und dreimal Sommerferien, verbrachte ich bei meinen Eltern und Geschwistern. Meine Schwester U. war vierzehn und mein Bruder H. neun Jahre alt, als Hildegard geboren wurde.

In den vielen Jahren bekam ich nie Post von meinen Geschwistern – auch nicht von meinen Eltern. Zweimal wurde ich von der Familie besucht. Einige Karten, die ich nach Hause schrieb, hat mein Vater aufgehoben.

Wir hatten ein Geheimnis

Ich wußte, daß es jemanden gab, der unter der Trennung genauso litt wie ich. Das war mein Vater. Wir beide und meine Tante hatten ein Geheimnis. Wann immer es ihm möglich war, kam er nach Straelen – so hieß der Ort. Wir verbrachten ein paar wunderschöne Stunden. Jedes Mal, wenn er dann wieder zurückfuhr, mußte ich ihm versprechen, niemandem aus der Familie etwas davon zu erzählen. Zu Anfang

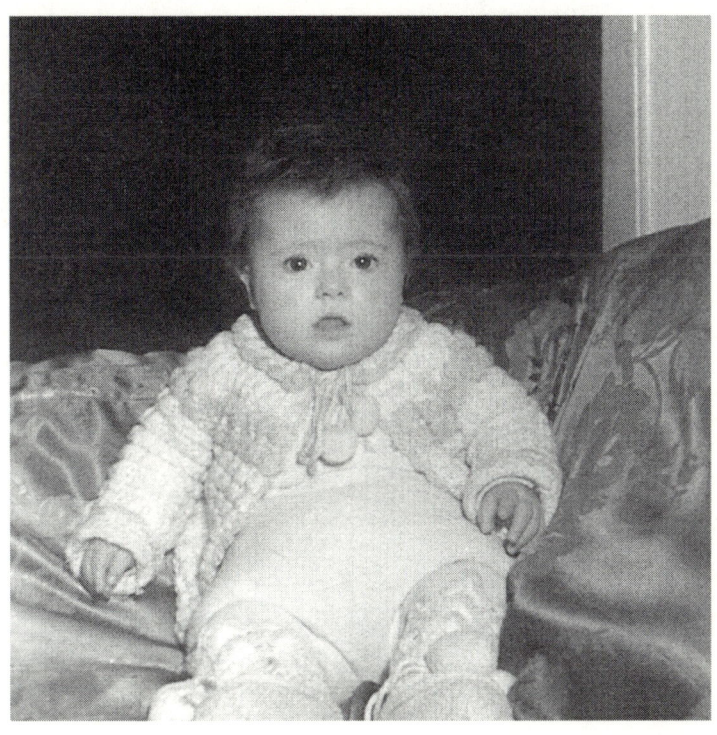

Hildegard als Baby

war ich immer sehr traurig, wenn er mich verließ. Später freute ich mich auf das »nächste Mal«. Ich wußte nie, wann das sein würde. Er kam immer überraschend. Aber ich wußte, er würde kommen.

Im Sommer 1956 sollte meine Tante in ein Kloster in Rheine versetzt werden – ein Kloster, das keine Kinder aufnahm. Mit Hilfe meines Vaters und meines eisernen Willens, schaffte ich es, nach Hause zurückzukehren.

Meine Mutter wollte nicht, daß ich nach Hause kam. Den Grund erfuhr ich später. Sie hatte andere Pläne mit mir: »Geh ins Kloster und nimm Hildegard mit!«

Ich war in eine Familie zurückgekehrt, die nicht mehr meine war. Meine Schwester verließ unser Elternhaus schon bald in Richtung England. Mein Bruder bereitete sich auf das Berufsleben vor.

»Er hat keine Zeit«, sagte Mutter immer, »er muß später den Betrieb übernehmen.«

Mein Vater hatte ein Baugeschäft. Mutter versorgte den Haushalt, Vater war in seinem Büro.

Nimm Hildegard mit!

So blieb nur ich. Wenn ich aus der Schule kam – ich ging auf ein Gymnasium, das von Ordensschwestern geführt wurde – wartete Hildegard schon auf mich. Sie freute sich, wenn ich kam, setzte sich dann auf meinen Schoß und schmuste mit mir. Wir spielten zusammen und nachts kam sie in mein Bett. Jede Nacht. Bis ich sechsundzwanzig war und meine erste Wohnung bezog – ein Stockwerk höher.

Hildegard hatte immer viel Zeit. Hildegard machte mit mir

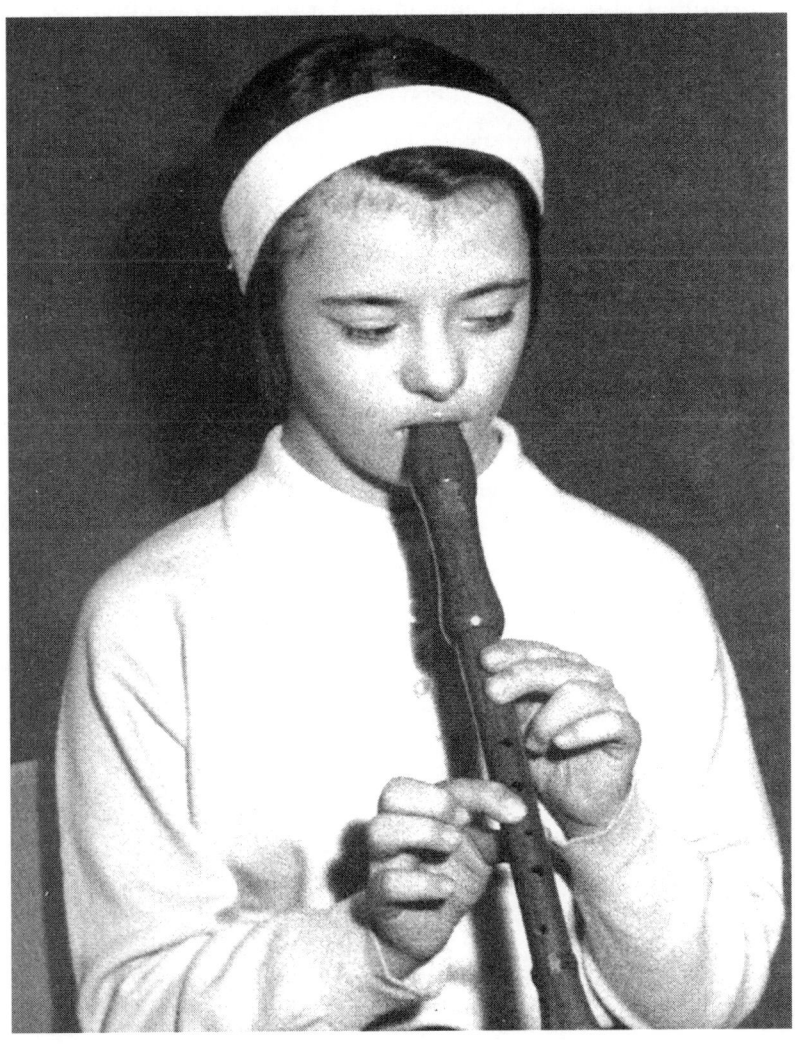

Hildegard in den sechziger Jahren

Hausaufgaben. Hildegard »schrieb« in meine Schulbücher und -hefte. Hildegard ging mit zu Schulveranstaltungen.

»Nimm Hildegard mit«, sagte meine Mutter.

Wenn ich mit einer Freundin im Hof spielen wollte. Nimm Hildegard mit!

Wenn ich zum Bäcker gehen wollte. Nimm Hildegard mit!

Wenn ich in die Eisdiele gehen wollte. Nimm Hildegard mit!

Wenn ich in die Kirche ging. Nimm Hildegard mit!

»Nimm Hildegard mit«, sagte mein Bruder und grinste, als ich mich mit einer Klassenkameradin treffen wollte. Aber die Klassenkameradin wollte Hildegard nicht. So traf ich mich auch nicht mit ihr.

Sollte ich Hildegard auch mitnehmen, wenn ich in die Tanzschule ging?

»Du bist erst siebzehn. Du bist zu jung für die Tanzschule«, entschied meine Mutter.

Ich befreite mich aus meiner Kindheit

Zu der Zeit ging mein Vater etwa zweimal im Monat zu Parteiversammlungen. Als ich ihn fragte, ob ich mitgehen dürfte, freute er sich sehr, daß wenigstens eines seiner Kinder Interesse an Politik zeigte. Mir erschlossen sich traumhafte Perspektiven. Ich erfuhr, was in meinem Umfeld so alles passierte. Aber das Wichtigste war: ich konnte endlich ausgehen, ohne Hildegard!

Sehr schnell erweiterte ich meinen Aktionskreis. Es gab viele Möglichkeiten, an politischen Veranstaltungen teilzunehmen. Und ich nutzte sie. Ich lernte junge Leute kennen, gleichaltrige. Ich hatte plötzlich Freunde, und ich verliebte mich. Ich fing an zu lügen. Ich erfand Parteiveranstaltungen, um mich mit

v. r.: Marie-Luise mit Hildegard in den sechziger Jahren

Freunden zu treffen. Ich blieb abends länger weg, wurde aber selten gefragt, was ich abends machte, wen ich traf, wo ich gewesen war. Hatten sie bemerkt, daß ich sie belog? Vertrauten sie mir? Ich weiß es nicht.

Ich befreite mich aus meiner Kindheit. Ich begann, erwachsen zu werden.

Meine Eltern kämpften für die Schulpflicht geistig Behinderter

Heute weiß ich auch, was meine Eltern leisteten. Sie wollten Hildegard die Bildung und Ausbildung geben, die ihren Fähigkeiten entspricht.

Ab 1955 besuchte Hildegard als das einzige behinderte Kind den örtlichen katholischen Kindergarten. Drei Jahre später renovierte mein Vater mit anderen Eltern das Dachgeschoß der örtlichen Volksschule. Dann wurde eine Pädagogin eingestellt, die die behinderten Kinder in den ersten Jahren unterrichtete. Staatliche Zuschüsse gab es nicht.

Gleichzeitig kämpften die Eltern zusammen mit anderen für das Grundrecht auf Schulbildung für ihre behinderten Kinder. Erst in den sechziger Jahren wurde ihr Ziel erreicht: Schulpflicht für geistig Behinderte. Bis dahin galt Freiwilligkeit, das heißt, daß Schulgeld gezahlt werden mußte. Mein Vater hat sich vehement dagegen gewehrt. Er lehnte die Zahlung von Schulgeld ab.

Im August 1969 bekam er einen Anruf vom Schulamt. Man drohte ihm an, in seinem Betrieb zu pfänden, wenn er seiner Zahlungspflicht nicht nachkäme.

Zwei Stunden nach diesem Telefonat erlitt mein Vater einen Herzinfarkt, an dessen Folgen er drei Wochen später verstarb.

Hildegard und Marie-Luise

Du wolltest doch Hildegard zu dir nehmen

Ende der siebziger Jahre zog mein Bruder aus, gründete eine Familie. Meine Mutter hatte seit Vaters Tod im Betrieb mitgeredet. Das sollte oder konnte sie nun nicht mehr. Sie kränkelte über ein Jahr lang.

»Du wolltest doch Hildegard zu dir nehmen«, sagte sie zu mir. »Mongoloide werden nicht alt, höchstens fünfundreißig, weil sie ein viel zu kleines Herz haben. Und Hildegard ist schon neunundzwanzig.«

Ich sagte Nein. Ich hatte es nie gewollt, dachte an meine Familie, an meinen Sohn. Ich versprach, mich immer um Hildegard zu kümmern, eine Aufnahme in meine Familie lehnte ich ab.

Mutter bekam eine tiefe Depression, ein mehrwöchiger Klinikaufenthalt wurde nötig. Die Ärzte dort konnten sie schließlich überzeugen, daß jede von uns das Recht auf ein eigenes Leben hat. Im Mai 1981 zog Hildegard ins Heim.

Jetzt hatte ich meine Mutter für mich allein, depressiv, alt, hilflos, abhängig, elf Jahre lang. Noch immer kämpfte ich um sie, versuchte, ihr die Liebe zu geben, die sie mir nie geben konnte.

Halt gaben mir mein langjähriger Lebensgefährte und unser gemeinsamer Sohn.

Ich erfülle ihre kleinen und großen Wünsche

Als Hildegard vor zwanzig Jahren ins Heim kam, übernahm ich sofort die Vormundschaft: heute gesetzliche Betreuung. Unser Verhältnis ist liebevoll, zärtlich, eng, ohne einzuengen.

*Die Schwestern bei einer Familienfeier in den sieb-
ziger Jahren*

Ich erfülle ihre kleinen und großen Wünsche. Ich schreibe ihr, wir telefonieren miteinander, besuchen uns. Hildegard ist so fröhlich, so unkompliziert, so liebenswert.

Seit zwei Jahren begleite ich als ehrenamtliche Betreuerin für drei Wochen geistig Behinderte in eine Ferienfreizeit. Es war Hildegard, die mir den Anstoß gab. Seit mehr als fünfundzwanzig Jahren organisiert das Behindertenreferat des Evangelischen Kirchenverbandes unserer Stadt Ferienfreizeiten für Menschen mit geistiger Behinderung in jedem Alter. Hildegard fährt von Anfang an mit. Es ist für sie jedes Jahr der absolute Höhepunkt, verreisen mit Freunden, betreut von ehrenamtlichen jungen Frauen und Männern. Immer kehrt sie überglücklich zurück: »Nächstes Jahr fahre ich wieder mit, Marie Luise, Claudia und ich.«

Der fünfzigste Geburtstag

Warum haben sich meine anderen Geschwister aus der Verantwortung gezogen? Sie, die viel länger mit Hildegard im Elternhaus lebten als ich. Sie haben Hildegards schwierigste Lebensphase hautnah miterlebt. Die Zeit, in der sie lebensfähig wurde. Was war passiert? Warum wenden sie sich immer noch ab? Ich habe mir diese Fragen immer und immer wieder gestellt. Ich kann sie nicht beantworten.

Bald feiert Hildegard einen runden Geburtstag. Sie wird fünfzig. Wir haben beschlossen, daß wir »zum Chinesen« gehen. Hildegard lädt ein. Ihre liebste, beste Freundin Claudia hat den Ehrenplatz neben ihr. Es kommen außerdem Miriam, Angela, Hellgrit, Norbert, Peter, ich mit meiner Familie und noch einige mehr.

Ihre Geschwister U. und H. möchte Hildegard nicht einladen.

Sie drehten sich nach ihm um und gafften

Wir waren drei Kinder. Mein Bruder Bernd war acht, als ich geboren wurde. Ein Jahr nach mir, kam Norbert auf die Welt. Er war mongoloid, so nannte man das damals.

Meine Mutter und mein Vater waren relativ alte Eltern, jedenfalls für diese Zeit. Als mein älterer Bruder Bernd geboren wurde, war mein Vater dreißig, meine Mutter achtundzwanzig Jahre alt. Bei Norberts Geburt war meine Mutter sechsunddreißig.

Für meine Mutter brach eine Welt zusammen, als sie erfuhr, daß Norbert geistig behindert war. Das hat sie später oft erzählt.

Er war ein stilles, ruhiges und liebes Baby, dessen Entwicklung viel langsamer vonstatten ging. Es dauerte länger, bis er auf den Topf ging, er fing später an zu laufen. Die Fortschritte, die er machte, kamen langsam, aber kontinuierlich.

Norbert mochte nicht, wenn Tiere eingesperrt waren

Wir verbrachten eine sehr behütete Kindheit. Unser Vater war Hausmeister in einer Schule und wir hatten die besten Spielmöglichkeiten. Der ganze Schulhof stand uns zur Verfügung und ein großer Garten.

Solange Norbert noch nicht laufen konnte, rutschte er immer auf dem Hosenboden oder auf den Knien herum, was zur Folge hatte, daß seine Hosen andauernd schmutzig oder kaputt waren und geflickt werden mußten. Sogar im Garten rutschte er durch die Furchen. Später, als Norbert dann endlich laufen konnte, hielt er sich am liebsten bei den Hühnern auf. Man brauchte ihn nicht lange zu suchen. Wenn er verschwunden war, fand man ihn meistens am Hühnerstall. Mit Würmern, die er im Garten gesammelt hatte, wurden die Tiere dann liebevoll gefüttert. Einmal ließ er sie alle frei – er mochte einfach nicht, wenn Tiere eingesperrt waren.

Die Verwandtschaft hatte geschockt und traurig auf Norberts Behinderung reagiert. So etwas war in der gesamten Familie noch nicht vorgekommen. Es hat einige Zeit gedauert, aber sie haben ihn schließlich akzeptiert und anerkannt, was nicht zuletzt durch Norberts freundliches und hilfsbereites Wesen möglich war. Man mußte ihn einfach gern haben.

Mach den Backofen zu!

In unserem Elternhaus wurde sehr viel Wert auf Benehmen und Tischsitten gelegt, da wurde auch für Norbert keine Sonderregelung eingeführt. Demzufolge kann er sich auch heute noch bei Tisch in jeder Gesellschaft benehmen. Er schmatzt nicht, schlürft nicht und ißt mit Messer und Gabel. Wie alle Kinder mit Down-Syndrom ließ er als Kind immer die Zunge aus dem Mund hängen. Auch das haben ihm meine Eltern erfolgreich abgewöhnt. Mein Vater sagte dann oft: »Mach den Backofen zu«, was meine Großmutter, als sie einmal bei uns

Mechthild mit Brüderchen Norbert

zu Besuch war, wörtlich nahm und in die Küche rannte, um
die Ofentür zu schließen. Darüber haben wir noch oft gelacht.

Bö, Mimi und Bu

Weil mein Bruder kaum sprechen kann, mußte er sich immer
durch Gesten oder Laute verständlich machen. So erfand er
für Dinge oder Menschen, die ihm wichtig waren, einfache
Laute – und jeder fühlte sich angesprochen. Mein Bruder
Bernd war BÖ, ich war MIMI und ein Butterbrot war BU.
Einige Jahre wurde Norbert von einer Sozialpädagogin unter-
richtet. Er lernte dort Buchstaben und Zahlen, dann ein
bißchen Rechnen und Schreiben. So ist er wenigstens in der
Lage, seinen Namen zu schreiben.

Seine Leidenschaft aber ist das Stricken. Man kann ihm die
größte Freude bereiten, wenn man ihm Strickzeug, also Wolle,
schenkt.

Ich habe ihn verschwiegen

Als Kind mußte ich oft auf Norbert aufpassen, so daß er fast
immer in meiner Nähe war. Wenn ich mit Freundinnen spielen
wollte, war Norbert immer dabei. Das hat mich oft sehr
gestört. Er wollte mit unseren Puppen spielen, wollte beim
Verstecken dabei sein oder im Winter mit uns Schlitten fahren.
Einmal schnappte er sich sogar heimlich meinen Puppenwa-
gen und schob ihn die Straße hinauf und hinunter. Meine
Freundinnen kannten und akzeptierten ihn auch. Die Probleme folgten später, als ich in die Pubertät kam. Ich lernte andere Mädchen kennen und traute mich plötzlich nicht mehr, von

Norbert beim Hühnerstall

meinem geistig behinderten Bruder zu erzählen. Wenn ich eine Freundin zu uns nach Hause einlud, was selten vorkam, wurde sie vor vollendete Tatsachen gestellt. Auch als ich später Freunde hatte, erzählte ich ihnen nichts von meinem Bruder Norbert. Ich habe mich geschämt, denke ich. Erst wenn ich einen Freund nach längerer Bekanntschaft mit in die Familie brachte und schon Vertrauen zu ihm hatte, lernte er Norbert kennen. Manche meiner Freunde waren dann so schockiert, daß die Freundschaft einschlief.

Auch als ich in die Lehre ging und meine Kollegen nach meiner Familie fragten, verschwieg ich meinen behinderten Bruder. Ich erzählte nur von Bernd, meinem älteren Bruder.

Möchten Sie ein Foto von meinem Bruder?

Als unser Vater Rentner war, unternahmen meine Eltern öfter Reisen mit einer Reisegruppe. Norbert fuhr immer mit. Auf diesen Reisen wurde viel getanzt, und Norbert tanzt gern und gut, er war auch in einem Tanzkurs gewesen. So hatte er dort bei einigen Leuten sofort »einen Stein im Brett«. Auf der einen Seite hatte er Freunde gefunden, auf der anderen Seite gab es Leute, die mit ihm und meinen Eltern nichts zu tun haben wollten.

Besonders wütend gemacht hat mich, wenn Leute ihn angafften – auf der Straße oder in Geschäften – wenn sie sich nach ihm umdrehten, mit offenem Mund und sich nicht schämten, ihn anzustarren. Sogar in der Kirche wurden wir angestarrt, Leute rückten von uns ab, manche wollten nicht neben Norbert sitzen und guckten sehr unfreundlich, wenn Norbert versuchte mitzusingen. Er durfte auch nicht mit den

v. r.: Bernd, Mechthild und Norbert

anderen Kindern zur Erstkommunion gehen. Für ihn gab es einen gesonderten Termin.

Wenn die Leute uns so anstarrten, wurde ich oft richtig laut und böse: »Norbert, dreh' dich nochmal um, damit die Leute dich besser sehen können« oder »Wollen Sie ein Foto von meinem Bruder?« rief ich dann.

Heute hat sich das geändert, wir werden nicht mehr so sehr angegafft, wenn wir zusammen über die Straße gehen, oder vielleicht prallt es auch heute an mir ab, weil ich selbstbewußter geworden bin. Einige Verkäufer behandeln ihn und mich sogar ganz nett. Das muß man der Gerechtigkeit halber sagen.

Heute stehe ich voll zu ihm

Irgendwann hat sich meine Einstellung zu Norbert geändert. Ich brauchte erst das nötige Selbstvertrauen. Heute kann ich anderen Leuten, auch Arbeitskollegen, ohne Hemmungen von meinem Bruder erzählen.

Seit dem Tod meines Vaters bin ich Norberts Betreuerin (früher: Vormund). Er lebt jetzt in einem Heim, in dem er sich sehr wohl fühlt. Mehrmals im Monat besuche ich ihn dort, und trotz seiner Sprachbehinderung können wir uns gut verständigen. Ich erfahre alle Neuigkeiten aus dem Heim und der Werkstatt. Mit Norberts Mitbewohnern komme ich gut zurecht, sie kennen mich. Wenn ich sie auf der Straße treffe, kommen sie auf mich zu, begrüßen mich und unterhalten sich mit mir, der Schwester vom Norbert. Manchmal denke ich, daß mich das Leben mit Norbert schon sehr geprägt hat, und könnte ich mich heute noch einmal für einen Beruf entschei-

v. l.: der Vater, Mechthild, die Mutter, Norbert und Bernd

den, ich ginge sicher nicht in die Banklehre, sondern würde im sozialen Bereich arbeiten.

Wenn Norbert Geburtstag hat (er kennt den Kalender genau und weiß auch, wann seine Verwandten und Freunde Geburtstag haben), fahre ich mit meinem Mann ins Heim, und wir feiern den Ehrentag gemeinsam mit seiner Gruppe.

Das Weihnachtsfest verbringt Norbert bei mir und meiner Familie. Gegen fünf Uhr, wenn es draußen dunkel wird, erklärt er uns, daß es jetzt Nacht sei. Er packt seine Geschenke zusammen und will zurück ins Heim. Dort ist sein Zuhause, und er will nirgendwo anders übernachten.

Geh doch zu deiner bekloppten Schwester

Wir kamen zeitgleich im Elternhaus an

Als ich 1960 geboren wurde, war meine Schwester Claudia schon da. Sie hatte nach der Geburt immer mehr an Gewicht verloren und mußte schließlich auf Anraten des Kinderarztes in eine Privatklinik. Daß sie mongoloid war, konnte man ihr zunächst nicht ansehen. So erfuhren meine Eltern erst von der Behinderung ihrer ersten Tochter, als diese schon einige Monate alt war. Gut aufgepäppelt verließ sie etwa ein Jahr später das Krankenhaus, und wir kamen fast zeitgleich an in unserem Elternhaus.

Das besondere Augenmerk meiner Mutter war auf meine Schwester gerichtet. Das heißt natürlich nicht, daß ich nicht geliebt worden wäre, aber es heißt schon, daß ich weder die Erstgeborene war, die bis zur Geburt des nächsten Kindes ihre Eltern für sich allein hatte, noch das Nesthäckchen, dem die Aufmerksamkeit des »Kleinen« gebührt, wenn die älteren Geschwister nicht mehr ganz so viel Aufmerksamkeit brauchen. Ich mußte die Zeit nicht nur wie etwa Zwillinge mit einem Geschwister teilen, sondern ich spielte von Anfang an die Nebenrolle neben dem Sorgenkind.

Wir waren alle sehr aufgeschlossen und temperamentvoll, und meine Eltern haben viel mit uns unternommen. Karneval trug mein Vater uns auf den Schultern, die eine rechts,

die andere links, durch die Wohnung, und sang dazu. Niko-
laus verkleidete er sich, verstellte die Stimme und las aus
dem schwarzen Buch vor. Es wurde viel gesungen und musi-
ziert, und meine Mutter las uns oft aus Märchenbüchern
vor.

Sie wollte alles können, was ich konnte

Wann ich genau wahrgenommen habe, daß meine Schwester
behindert ist, kann ich nicht genau sagen, aber es muß im
Grundschulalter gewesen sein. Zu der Zeit fing ich an, sie zu
beschützen, aber auch kritischer zu betrachten.

Anfangs gingen wir in denselben Kindergarten, bis irgendwann die ersten Sonderkindergärten eingerichtet wurden. Später ging ich zur Grundschule und Claudia in eine Sonderschule. In diesen Jahren profitierte sie von mir. Sie hatte einen
unerschütterlichen Ehrgeiz, alles zu können, was ich konnte.
So lernte sie Gedichte und Lieder auswendig und konnte bald
alles aufsagen und mitsingen. Mit Hilfe eines Logopäden lernte sie Lesen und Schreiben. Alles etwas später und etwas
langsamer, aber es kam.

Die Ferien gehörten mir

Wenn ich an die Kinderjahre zurückdenke, sehe ich meine
Schwester immer in unmittelbarer Nähe meiner Mutter. Ich
war viel draußen und habe mit anderen Kindern gespielt oder
Hunde ausgeführt. Mein Vater war Verkaufsdirektor im
Außendienst und nur am Wochenende zu Hause. Ich habe
mich die ganze Woche auf ihn gefreut. Er war keiner der

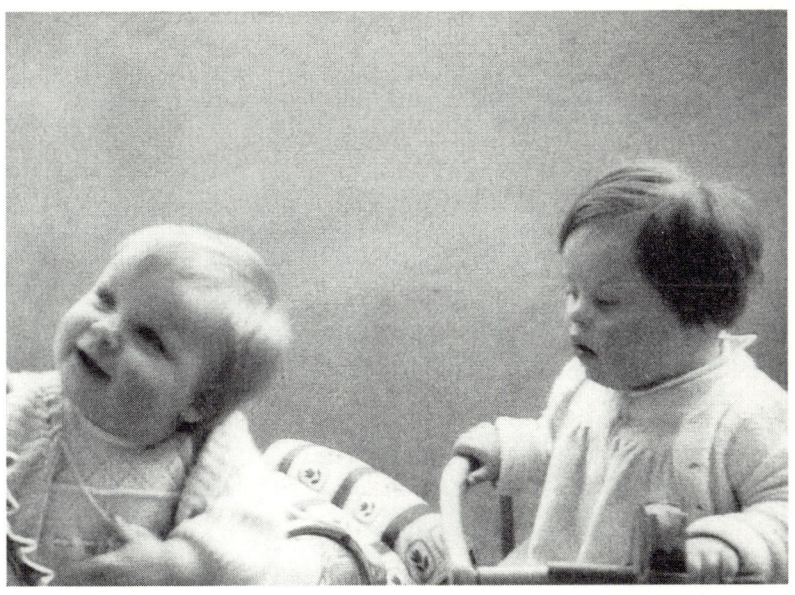

Heike und Claudia als Babys

Väter, die nach Hause kamen und die Füße hochlegten. Das Wochenende gehörte uns. Wir fuhren ins Grüne, das war in den Sechzigern sehr beliebt – besonders bei den Eltern –, machten Ausflüge ans Meer oder fuhren zu einer unserer zahlreichen Tanten. Es kam auch oft vor, daß mein Vater und ich allein etwas unternahmen, wie auf die Schlittschuhbahn gehen oder Verwandte besuchen. Meine Mutter blieb dann mit meiner Schwester zu Hause.

Die Ferien gehörten mir. Claudia verbrachte sie bei Verwandten oder Freunden. Später fuhr sie in spezielle Freizeiten. Das war die Zeit im Jahr, in der meine Eltern mir gehörten und ich im Mittelpunkt stand.

Wir beide

Meine Schwester und ich hatten immer eine sehr enge Beziehung zueinander. Wir teilten ein Zimmer, bis ich zwanzig war und auszog. Als ich anfing auszugehen und abends später nach Hause kam, entwickelte sie die Angewohnheit, mir an die Füße zu fassen – das war die einzige Stelle, die sie von ihrem Bett aus erreichen konnte – um sich zu vergewissern, daß ich wieder da war. Wenn sie mich dann ertastet hatte, drehte sie sich um und schlief weiter. Die Welt war in Ordnung.

Claudia hat immer gemerkt, wenn mit mir etwas nicht stimmte. Ich konnte mich noch so verstellen, sie hat sofort gespürt, wenn es mir nicht gut ging.

Wenn sie mit sich und der Welt im reinen war, strahlte sie mich an und sagte: »Wir beide, ne!«

Ich hatte meine Freundin Gabi

Oben im Haus wohnte meine beste Freundin Gabi. Mit ihr habe ich den größten Teil meiner Kindheit und Teenagerzeit verbracht. Wir spielten mit Puppen, liefen zusammen Rollschuh, gingen in die Kirche und lasen später heimlich auf der Treppe zum Dachboden die BRAVO. Wenn meine Eltern am Wochenende ausgingen, mußte ich auf Claudia aufpassen. Sie hatte die Angewohnheit bei jeder Gelegenheit abzuhauen, und wir mußten sie dann in der ganzen Nachbarschaft suchen. Oft wurde sie von irgendwelchen Fremden nach Hause gebracht. Gott sei Dank konnte sie verständlich sprechen und ihren Namen und ihre Adresse sagen. Das hatten meine Mutter und ich ihr früh beigebracht. Um zu verhindern, daß sie weglief, mußte ich also, wenn ich die Wohnung verlassen wollte, die Wohnungstür zusperren. Da ich diese Abende aber entweder bei uns oder bei meiner Freundin oben im Haus verbrachte, konnte ich jede halbe Stunde nachsehen, ob Claudia unverändert schlief oder möglicherweise wachgeworden war und mich suchte.

In diesen Jahren, war es für mich noch relativ einfach, mit der Behinderung meiner Schwester umzugehen.

Iih, so eine Schwester möchte ich aber nicht haben

Die Probleme kamen später, nämlich mit der Pubertät. Inzwischen besuchte ich ein Klostergymnasium. Ich war mit der Andersartigkeit meiner Schwester bis zu dem Zeitpunkt immer offen umgegangen, ging zwar nicht damit hausieren, hatte aber, wenn die Frage nach Geschwistern kam, ehrlich geantwortet.

Das änderte sich schlagartig. Eine Schulkameradin sagte eines Tages nach einem ganz normalen Streit »Geh' doch nach Hause zu deiner bekloppten Schwester«, eine andere sagte ein paar Tage später zu mir »Iih, so eine Schwester möchte ich aber nicht haben«.

Bis zu Beginn meines Studiums habe ich nie wieder freiwillig jemandem von der Behinderung meiner Schwester erzählt. Lange Zeit habe ich das als Verrat an Claudia empfunden und mich geschämt. Später habe ich begriffen, daß es mein gutes Recht war. Ich wollte nicht immer über meine Schwester definiert werden sondern anerkannt als die Person, die ich war.

Zu Hause habe ich mich immer um meine Schwester gekümmert, sie vom Bus abgeholt, wenn sie aus der Sonderschule kam. Wir haben »Mensch ärgere dich nicht« gespielt, weil das ihr Lieblingsspiel ist, haben zusammen gespült, den Tisch gedeckt und vieles mehr.

Sobald ich aber in die Schule kam, wollte ich davon frei sein.

Also log ich

Inzwischen hatten meine Eltern ein Ferienhaus auf dem Land erworben. Fast jedes Wochenende verbrachten sie dort und nahmen Claudia mit. So hatte ich an den Wochenenden die Wohnung für mich, konnte Freunde einladen oder ausgehen. Daß ich eine behinderte Schwester hatte, wußte niemand. Ich wollte nie mehr, daß jemand schlecht über meine Schwester spricht. Also log ich. Ich verleugnete zwar nicht ihre Existenz, aber ihre Behinderung.

Heike und Claudia Anfang der sechziger Jahre

Bis heute wundere ich mich darüber, daß meine Lüge nie entdeckt wurde, daß nie jemand Claudia und mich auf der Straße getroffen hat, wenn ich sie vom Bus abholte.

Ich mußte erst erwachsen werden und genug Selbstsicherheit entwickeln. Freunde habe ich immer sehr behutsam ausgewählt und Menschen, die mit meiner Schwester nicht umgehen können, haben in meinem Leben keinen Platz. Jede Mißachtung von Andersartigkeit, auf welcher Ebene auch immer, ist mir zuwider. Menschen, die andere Menschen ausgrenzen wegen ihrer Behinderung, ihrer Hautfarbe oder ihrer sexuellen Ausrichtung können mit mir nicht befreundet sein. Das war sehr schnell klar und ist bis heute so geblieben.

Ich flüchtete in Tagträume

An meine Kindheit erinnert, bekomme ich das Magendrücken, das ich hatte, wenn ich zur Schule ging. Ich hatte in dieser Schule immer Angst. Im Unterricht habe ich mich nicht beteiligt, und die Lehrer mochte ich mit geringen Ausnahmen nicht. Die Klassenlehrerin hatte den gleichen Spazierweg wie meine Mutter, meine Schwester und ich. Jeden Sonntag liefen wir uns über den Weg. Sie grüßte zwar höflich, aber ich habe bis heute den Eindruck, sie empfand uns als asozial. Meine Eltern haben immer viel Wert auf das äußere Erscheinungsbild gelegt. »Wie du kommst gegangen, so wirst du auch empfangen«, sagte mein Vater oft. Und meine Mutter hat mir später erzählt, daß sie so viel Wert auf unsere Kleidung gelegt hat, weil man als Familie mit einem behinderten Kind in den sechziger und siebziger Jahren bei vielen einen Status des sozial Unterprivilegierten hatte, so unglaublich das klingen mag. Es gab Leute, die neben uns an der Ampel standen und Claudia unvermittelt ein Fünfmarkstück in die Hand drückten, was Claudia mit Begeisterung aufnahm, während meine Mutter sich erniedrigt und gedemütigt fühlte.

Jedenfalls bin ich von jener Lehrerin, nachdem sie meine Schwester gesehen hatte, anders behandelt worden. Ich verlor immer mehr den Spaß an der Schule. Während die anderen den Unterricht bewältigten, flüchtete ich mich in Tagträume. Ich war nie wirklich anwesend. So wurden meine Noten immer schlechter, bis schließlich ein Schulwechsel nicht mehr zu vermeiden war. Von da an ging es mir besser.

Solche Kinder werden keine dreißig

Unsere damalige Nachbarin, die stets so tat, als habe sie viel Verständnis für meine Schwester und unsere Familiensituation, auf der anderen Seite aber auch für ihre Dümmlichkeit und Tratschsucht bekannt war, hat an irgendeinem Tag – ich spielte mit ihrer Tochter – zu mir gesagt, daß ich mir um die Zukunft keine Sorgen zu machen brauchte: »Solche Kinder werden keine dreißig.«

Auf den Gedanken, daß mir diese Aussicht mehr Sorgen bereiten könnte, ist sie nicht gekommen. Ich habe danach viele Nächte kaum geschlafen. Plötzlich hatte ich eine große Sorge zusätzlich. Ich liebte meine Schwester doch.

Mich hat einmal ein Freund gefragt, ob ich mir eine andere Schwester gewünscht hätte. Nein, das habe ich nicht. Alles hätte ich dafür gegeben, wenn ich nur einen Tag lang hätte erleben dürfen, wie meine Schwester Claudia ohne Down-Syndrom gewesen wäre. Mich hat immer interessiert, ob wir uns verstanden hätten, ob wir etwas miteinander hätten anfangen und Spaß haben können. Eine andere Schwester habe ich mir nie gewünscht.

Vielleicht eine dazu oder einen Bruder, aber nie jemand anderen an Claudias Stelle.

Halb so schlimm!

Meine Kindheit war sicher problembeladener und ernster als die vieler anderer. Man muß mit Dingen umgehen, mit denen man als Kind oft noch nicht umgehen kann, weil das Selbstbewußtsein fehlt. Mit den Blicken auf der Straße zum Beispiel. Wir wurden immer angegafft, manche Leute drehten sich um oder blieben stehen mit offenem Mund. Manche verglichen uns miteinander. Glotzten uns nacheinander ins Gesicht, so als überlegten sie, ob wir wohl beide geistig behindert seien oder nur eine von uns. Menschen werden wohl immer alles anstarren, was anders ist. Mit solchen Verletzungen kann man lernen umzugehen.

Mein Vater hatte damit offenbar kaum Probleme. Er war stolz auf beide Töchter. Hocherhobenen Hauptes trug er Claudia auf den Schultern in die vornehmsten Restaurants, in denen sie mit Sicherheit in der nächsten halben Stunde eine Kakaotasse umwarf. »Halb so schlimm«, sagte mein Vater dann. »Tischtücher müssen sowieso ab und zu gewechselt werden.«

Wenn mein Vater bei uns war, fühlte ich mich sicher. Meine Mutter war unsicherer im Umgang mit meiner Schwester und

Claudias Kommunion 1968

der Reaktion anderer Leute, wenn sie sich außerhalb der Wohnung bewegte.

Es gab aber auch Verletzungen, die etabliert waren. Claudia wurde nie eingeladen, wenn in der Verwandtschaft Familienfeiern stattfanden. Sie bekam zwar von allen Geschenke, man hatte sie auch gern und herzte sie, aber offiziell, vor anderen Leuten, wollte man sie nicht dabei haben. Ich bin aus dem Grund nie zu Familienfeiern und Festlichkeiten erschienen, und mein Vater oftmals aus demselben Grund auch nicht.

Verantwortung

Das Aufwachsen mit einem behinderten Bruder oder einer behinderten Schwester hat aber auch Vorteile. Viel früher als Gleichaltrige habe ich gelernt, Verantwortung zu übernehmen. Ich war Klassensprecherin, Schülersprecherin und habe mich mit siebzehn schon politisch engagiert.

Als ich fünfzehn war, waren Witze über spastisch gelähmte Menschen modern. Auf dem Schulhof wurden sie an jeder Ecke erzählt. Sie endeten immer mit dem Wort »Spasti« und einer entsprechenden Geste. Ich konnte darüber nie lachen.

Die Konsequenzen

Heute sagen Freunde, die zehn oder fünfzehn Jahre älter sind als ich, oft zu mir, daß sie, wenn sie sich mit mir unterhalten, nicht den Eindruck hätten, daß ich so viel jünger sei. Das war eigentlich immer so. In Freundschaften bin ich meistens diejenige, die tröstet, die Rat gibt, die zuhört – die Große, die Starke. Ich bin dabei, das zu ändern. Seit einiger Zeit achte ich

Claudia und Heike im Teenageralter

sehr darauf, was Leute *mir* Gutes tun, was sie *mir* geben, ob sie *mir* zuhören, *mich* trösten, *mir* Rat geben, und wenn das Verhältnis nicht einigermaßen ausgewogen ist, ziehe ich die Konsequenzen. Oberflächlichkeit und Ignoranz im Umgang mit Menschen sind mir zuwider.

Ich habe mit dem Rat: »Tu Dir etwas Gutes« oder »Sei gut zu Dir« jahrelang nichts anfangen können, weil ich gar nicht wußte, wie man auf sich selber achtet, wie man sich selber Gutes tut. Das hatte ich nicht gelernt. Für andere dazusein, mich um die Familie und um andere zu kümmern, das hatte ich gelernt. Das war immer selbstverständlich. Aber nicht auf mich zu achten. Ich hatte nicht gelernt, daß *ich* wichtig sein könnte.

Claudia lebt inzwischen seit etwa fünfzehn Jahren in einem Heim. Sie hat es selber ausgesucht und sollte zurückkommen, wenn es ihr nach einigen Wochen doch nicht gefiel. Es ist ein schönes altes Haus mitten im Wald. Sie blieb dort. Ihr Zimmer teilt sie mit ihrer besten Freundin Hildegard, die neben unserer Mutter und mir – unser Vater verstarb – ihre wichtigste Bezugsperson ist. Sie ist fröhlich, ausgeglichen, dickköpfig und stur. Sie wird sich nichts gefallen lassen, und mich hat sie immer im Rücken.

Claudia mit etwa zwanzig Jahren

Sie hat mich gehaßt,
weil ich nicht behindert war

Andrea ist vierzig Jahre alt. Ihre Schwester Monika wird neununddreißig. Sie ist Autistin und Epileptikerin.

Ein Gespräch

Wir treffen uns in einem Kaffeehaus in Bielefeld. Nach anfänglicher Verlegenheit beginnt Andrea zu erzählen:

»Ich war noch ganz klein, als meine Mutter mit Monika nach Hause kam, weiß es also eigentlich nur aus Erzählungen. In den ersten Kinderjahren verlief alles noch relativ normal. Nichts deutete darauf hin, daß Monika behindert sein könnte. Irgendwann, den genauen Zeitpunkt kann ich nicht sagen, stellte meine Mutter fest, daß sie in ihrer Entwicklung irgendwie beeinträchtigt war, nicht so reagierte, wie es sein sollte. Sie wurde einem Arzt vorgestellt, und dann kam die Diagnose: »Autismus«. Meine Eltern wußten überhaupt nicht, was das ist. Der Arzt schickte sie mit dieser Diagnose nach Hause. Viele Bücher wurden studiert, viele Ärzte befragt, es nützte alles nichts: die Diagnose blieb die gleiche.

Meine Erinnerung setzt ein, als ich etwa fünf oder sechs Jahre alt war.

Monika saß immer in einer Ecke und wippte vor sich hin oder wackelte mit dem Kopf. Sie konnte nicht sprechen und gab statt dessen undefinierbare Laute von sich. Ich habe versucht, mit ihr zu spielen, aber das ging nicht. Man konnte ihr nichts erklären, sie konnte nichts begreifen. Ob, und wenn ja, was sie verstand konnte man nicht herausfinden. Sie konnte Freude äußern und Traurigkeit. Wenn ich nach Hause kam und sie sich freute, mich zu sehen, wippte sie vor und zurück und rieb ganz aufgeregt die Hände, dabei stieß sie Freudenschreie aus.

Einige Zeit später bekam sie dann ihren ersten epileptischen Anfall. Sie hatte Schaum vor dem Mund, verdrehte die Augen, verkrampfte sich, schlug auf den Boden und brach sich dabei einen Arm.

Sie hat dann einige Zeit im Krankenhaus gelegen. Aber der Vorfall blieb keine Ausnahme. Ihre Anfälle kamen von da an immer wieder. Aus heiterem Himmel, ohne Vorwarnung, in welcher Situation auch immer, bekam Monika einen Anfall. Das war das Schlimmste, was ich in meinem Leben überhaupt erfahren habe. Mitten im Kaufhaus beim Einkaufsbummel bekam sie einen Anfall. Weil sie dabei auch immer verkrampfte Schreie ausstieß, liefen alle Leute zusammen und starrten uns an wie ein Weltwunder. Wir schämten uns. Es war uns immer so peinlich. Am liebsten wären wir im Erdboden versunken. Mein Vater ging überhaupt nicht mehr mit uns weg, wenn Monika dabei war. Er konnte es am wenigsten ertragen.

Sie schlug mich ins Gesicht und auf den Kopf

Meine Mutter hat immer geweint, jedenfalls kommt es mir heute so vor. Manchmal habe ich versucht, sie zu trösten, aber das wollte sie nicht. Sie schob mich weg und sagte so etwas wie: ›Geh' spielen‹ oder ›Mach deine Hausaufgaben‹. Als ich kleiner war, habe ich viel geweint und immer Angst gehabt. Das hat meine Mutter richtig aggressiv gemacht. Sie schlug mich dann ins Gesicht und auf den Kopf. Ihre ganze Wut über ihr Schicksal hat sie an mir ausgelassen. Ich brauchte nur ein falsches Wort sagen oder das falsche Kleid anhaben, dann rutschte ihre Hand aus. Sie hat mich gehaßt, weil ich »gesund« und Monika so schwer behindert und auch krank war. So kam es mir immer vor. Irgendwann ist in der Schule aufgefallen, daß ich immer zusammenzuckte. Ich zuckte ja schon, wenn jemand laut lachte. Sie haben dann mit meiner Mutter gesprochen. Von da an war es ganz aus. Ich war die Verräterin. Eine Woche später wurde ich ins Heim gebracht. Inzwischen war ich elf. Im Heim ging es mir besser. Die Betreuerin, die für mich zuständig war, mochte mich sofort. Ich lernte Liebe und Geborgenheit kennen und manchmal konnte ich sogar lachen.

»Wie haben Verwandtschaft und Freunde sich verhalten?«

»Gar nicht. Sie kamen nicht. Die Familie meines Vaters kam seit Monikas Geburt, oder seit bekannt wurde, daß sie geistig behindert war, gar nicht mehr. Sie gaben wohl meiner Mutter die Schuld. In ihrer Familie gäbe es solche Fälle nicht, haben sie meiner Mutter gesagt. Meine Mutter hatte einen Bruder, der im Erwachsenenalter plötzlich an Epilepsie erkrankte. Damit war für die Familie meines Vaters klar, wo Monikas Behinderung hinzustecken war. Ich glaube, daß sie meine Mutter sowieso nicht besonders mochten. Sie konnte manchmal etwas arrogant wirken, und das ist nicht jedermanns Sache. Die Familie meiner Mutter zog sich langsam zurück. Je schlimmer Monikas Zustand wurde, desto seltener kamen sie zu Besuch. Allen war es peinlich, alle schämten sich. So sehe ich es heute.«

»Es gab' also keinen Halt in der Familie, wie zum Beispiel eine Oma, jemanden, der sich um Sie gekümmert hat?«

»Meine Tante, die jüngere Schwester meiner Mutter, hat mich manchmal mit dem Auto abgeholt. Das fand ich damals ganz toll. Meine Eltern hatten nämlich kein Auto. Wir fuhren dann irgendwohin, zum Eis essen, zum Baden, gingen in den Zoo oder ähnliches. Aber das war nicht oft. Ich war immer sehr still und zurückgezogen, sehr gut in der Schule, weil ich viel gelesen und gelernt habe.

Mein Vater begann zu trinken

Mein Vater hatte sich immer mehr zurückgezogen. Als ich aus dem Heim kam war ich sechzehn. Inzwischen trank er. Wenn er getrunken hatte, schlug er nicht nur auf meine Mutter und mich, sondern auch auf Monika ein. Ich zog mit siebzehn zu einer Freundin. Etwas später trennten sich meine Eltern, oder besser gesagt, meine Mutter setzte meinen Vater vor die Tür. Das ist jetzt über zwanzig Jahre her. Meinen Vater habe ich nie mehr gesehen. Er wohnt auch nicht mehr in Bielefeld.«

»Wie ist Ihr Verhältnis zu Monika heute?«

»Meine Mutter besuche ich ab und zu, aber mehr um Monika zu sehen. Sie freut sich immer so, wenn ich komme. Sie ist die einzige in der Familie, die mich liebt. Meine Mutter freut sich zwar auch, wenn ich komme, aber die Freude kommt zu spät für mich. Wir haben uns nicht viel zu sagen und können uns auch nicht in den Arm nehmen. Bei mir sitzt die Angst vor ihr noch zu tief. Sie hat mich ja nie in den Arm genommen, nie gestreichelt, nie geküßt, sondern immer nur geschlagen und das ohne Grund. Ich war mir nie einer Schuld bewußt.«

Plötzlich hat sie mir leid getan

»War es schlimm in die Kindheit zurückzutauchen?«

»Ich denke nicht gerne über diese Zeit nach, weil ich damit mein ganzes Leben schon zu tun habe. In allem, was ich mache, wo ich an Grenzen komme, wo ich nicht funktioniere, holt mich meine Kindheit ein, wobei meine Schwester nicht das Problem ist, sondern meine Eltern. Für meinen Vater war ich durchsichtig, meine Mutter reagierte sich an mir ab. Monika war lieb, für ihre Anfälle, konnte sie nichts und litt darunter sicher mehr als wir.«

»Haben Sie mit ihrer Mutter über all diese Dinge sprechen können?«

»Meine Mutter blockt solche Gespräche ab. Sie ist sich keiner Schuld bewußt, war überfordert und hat in ihren Augen für mich getan, was sie tun konnte. Ich glaube, sie hat gar nicht gemerkt, daß sie mich nie geliebt hat oder daß ich überhaupt etwas hätte brauchen können. Schließlich war ich ›gesund‹ und sollte gefälligst von selbst gedeihen. Das in etwa ist die Meinung meiner Mutter. Darüber nachzudenken, wie es mir ergangen ist, ist ihr zu viel. Manchmal tut sie mir leid. Ich habe sie mal aus einem Geschäft heraus gesehen. Sie ging mit Monika, die inzwischen größer ist als meine Mutter zum Einkaufen. Alle Leute starrten sie an, sie ist alt geworden, geht gebeugt, die wippende, summende Tochter am Arm. Ich konnte sie mit dem Blick einer Außenstehenden betrachten. Dann hab' ich ihr Leben vor mir gesehen, und sie hat mir leid getan.«

Für Monika werde ich immer da sein

»Wie sieht Ihr Leben heute aus?«

»Ich lebe immer noch bei der Freundin, zu der ich vor drei-
undzwanzig Jahren gezogen bin. Wir haben beide Kunst studiert und betreiben eine Galerie. Als Kind wollte ich immer
Medizin studieren, um etwas zu finden, das meiner Schwester
helfen kann. Später habe ich dann begriffen, daß das sinnlos
ist.

Ich mußte lernen zu akzeptieren, daß meine Schwester
anders ist und keine Krankheit hat, die man heilen kann.«

»Lebt Ihre Schwester heute noch bei der Mutter?«

»Ja, sie lebt bei meiner Mutter, und das wird wohl auch vor-
erst so bleiben, weil es kein Heim gibt, das bereit ist, sie auf-
zunehmen. Sie ist ja ein Pflegefall und kann nichts allein. Sie
muß gewaschen und gefüttert werden. Das ist bei den meisten
geistig Behinderten sonst nicht so. Ich habe meiner Mutter
gesagt, daß sie sich um die Zukunft keine Sorgen machen soll.
Sie weiß, daß sie sich auf mich verlassen kann. Für Monika
werde ich immer da sein.«

Andrea wollte keine Fotos zur Verfügung stellen. Sie weiß
nicht, wie ihre Mutter das aufnehmen würde.

Und Bobby ist ein Star

Eine ganz andere Geschichte

Das Elternhaus

Aufgewachsen sind wir in der Nähe von Frankfurt. Wir waren zu Hause zu dritt, Gerd, Horst und Rolf (heute Bobby). Unsere Eltern haben uns von Anfang an beigebracht, mit der Behinderung unseres kleinen Bruders so umzugehen, als sei sie gar nicht vorhanden. Aber dies war natürlich nicht im gesamten Familien- und Freundeskreis selbstverständlich. Glücklicherweise hatte Bobby die Gabe, alle Menschen sofort in seinen Bann zu ziehen. Er strahlte so viel Herzlichkeit und Fröhlichkeit aus und war der Sonnenschein in unserer Familie.

Unser Vater starb vor vierzehn Jahren. Damals war Bobby 25, und ich war 34 Jahre alt. Ziemlich genau ein Jahr später starb unsere Mutter, deren größte Sorge immer Bobbys Zukunft galt. Was würde mit Bobby geschehen, wenn sie einmal nicht mehr sein sollte?

Vor dieser Frage standen wir nun.

Bobby hätte bei meinem Bruder Horst im Elternhaus wohnen können, aber schließlich sollte er doch in ein Heim. Ich lebte inzwischen mit meinem Lebensgefährten Udo in München. Wir beschlossen: Bobby sollte bei uns leben! Und so kam Bobby nach München. Das alles unter Dach und Fach zu bringen, war 1987, wie man sich unschwer vorstellen kann, noch schwieriger als heute. Aber schließlich klappte es mit dem Sorgerecht, und so ist Bobby heute Wahl-Münchener, genau wie ich.

Udo und ich haben Bobby überall hin mitgenommen und bei allem integriert. Immer mehr Menschen im engeren und weiteren Umfeld haben Bobby dadurch kennen- und liebengelernt und somit auch ihre vielleicht anfänglich vorhandene Scheu oder Ablehnung überwunden.

Warum Bobby überhaupt Bobby heißt?

Eigentlich wurde Bobby als Rolf Brederlow am 17. Juni 1961 in Mackenbach in der Pfalz geboren. Als er 1998 mit den Dreharbeiten für den Fernseh-Vierteiler »Liebe und weitere Katastrophen« begann, stellte er im Film den Bobby dar, wurde also auch von allen Bobby genannt. Der Name hatte es ihm so angetan, daß er seitdem nur noch Bobby heißt und inzwischen auch in seinem Paß als Bobby Brederlow eingetragen ist.

Bis sich das im Freundeskreis herumgesprochen hatte, war noch ein weiter Weg. Anfänglich hörte Bobby noch auf Rolf, korrigierte aber jeden sofort, der ihn falsch ansprach, bis ihm schließlich die Lust dazu verging.

Einmal kam ein befreundetes Ehepaar zu Besuch. Der Mann begrüßte ihn mit Bobby, die Frau mit Rolf. Zu diesem Zeitpunkt reagierte er schon nicht mehr auf Rolf. Er stubste den Mann in die Seite und sagte: »Sie kapiert es einfach nicht!«

A Star is born, oder »Bobby geht zum Film«

Bobby wollte immer Schauspieler werden. Bei der Pressekonferenz zu dem von ihm bemalten EURO für die Aktion der

Bobby mit Mutter Ella

Dresdner Bank »Europa malt für krebskranke Kinder« wird
er interviewt und fotografiert von RTL-Journalisten. Er hat
seine Sache wie immer souverän und gut gemacht. Als er
schließlich gefragt wird, ob er aufgeregt war, wirft er den Kopf
in den Nacken, strahlt, atmet tief aus, und wie ein Star, der
ohne Scheinwerferlicht nicht mehr leben kann, sagt er: »Ich
brauch das...«.

Kurz vor Beginn der Dreharbeiten zu »Liebe und weitere
Katastrophen«, mit Senta Berger als Bobbys Mutter Franziska
und Friedrich von Thun als Freund und Nachbar Max, sitzen
wir mit einer Freundin am Tisch, als Bobby begeistert fragt:
»Ratet mal, wer das Käfering (Catering) macht?« Daß es bei
einem Film für den Filmförderung beantragt wurde, Essen
vom Käfer geben soll, hat unsere Freundin sehr erstaunt.

Einige Szenen dieses Films spielten in Italien. Bobby war
im Hotel Villa d'Este in Cernobbio am Comer See. Abends
rief er zu Hause an und erzählte voller Stolz: »Ich wohne in
einer S-U-I-T-E, ganz für mich allein und alle Kellner kennen
mich schon!«

Nun sind Udo und ich langsam neugierig und wollen Bobby
am Set besuchen, um uns selber mal ein Bild zu machen. Als
wir unseren Besuch schließlich ankündigen, sagt Bobby ziemlich streng: »Udo darf kommen, Gerd nicht – denn Schwule
sind da nicht erwünscht.«

Der Text, den Bobby im Film sprechen muß, will vorher gut
einstudiert sein, deshalb hat Bobby einen Sprach-Coach, was ihn
wahrscheinlich manchmal nervt, weil man manches ständig wie-
derholen muß. Schließlich kommt ihm der furchtbare Gedanke,
daß sie auch noch Englisch üben müssen. »Wenn ich den Oskar
bekomme, muß ich die Dankesrede doch auf Englisch halten!«

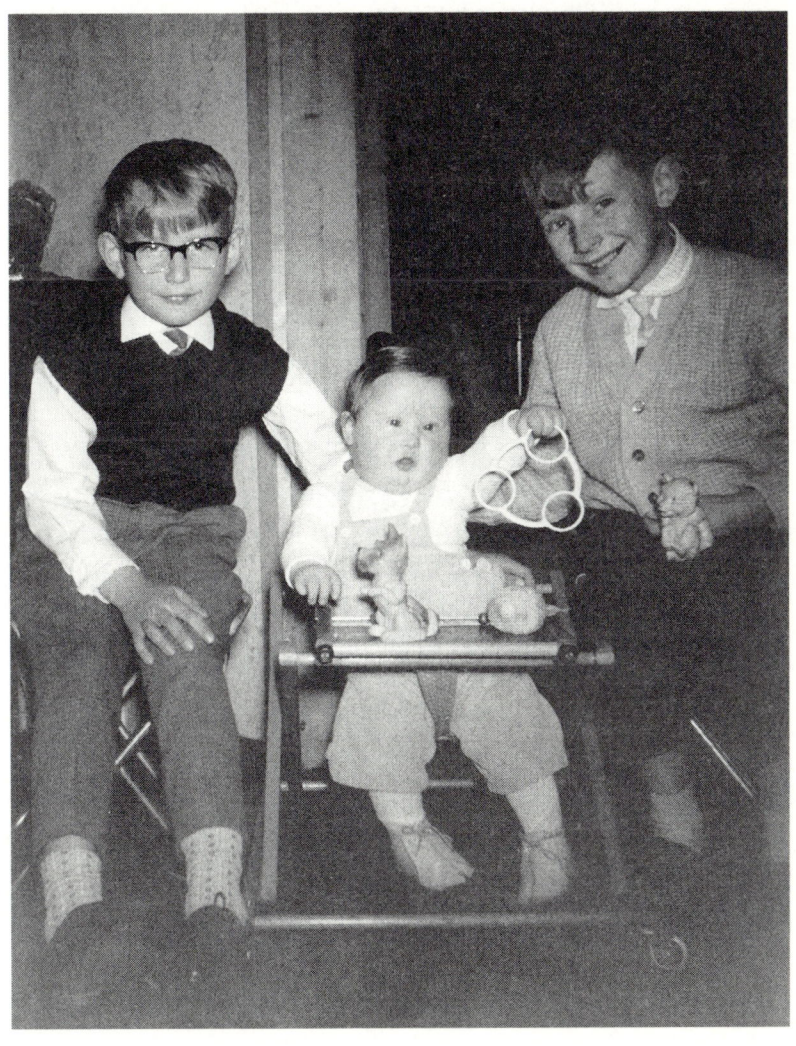

v.l.: Horst, Bobby und Gerd Brederlow

»Bobby ist supercool!«

Den Oskar hat er noch nicht bekommen, aber den Bambi 1999 für seine herausragende darstellerische Leistung, neben Friedrich von Thun und Senta Berger, der er schließlich das Mikrophon vor Begeisterung aus der Hand nahm, weil er es kaum abwarten konnte, seine oskar-reife Dankesrede abzuliefern. Er schwenkte den Bambi immer wieder strahlend über seinem Kopf und rief »Bobby ist supercool!«

Mindestens eine Woche lang hat er den Bambi im Rucksack mit sich herumgetragen, um das goldene Reh immer wieder vorzeigen zu können.

Bobby wird jeden Morgen zu Hause abgeholt und zur Lebenshilfe-Werkstatt gebracht. Einmal war es kalt und regnerisch und ich sagte ihm, daß er eine Jacke anziehen müsse. Er weigerte sich, worüber wir in Streit gerieten. Schließlich stampfte er trotzig mit dem Fuß auf und setzte der Diskussion ein Ende: »Ich bin eine Berühmtheit und mache, was ich will!«

Was ist schon ein Name!

Bobby ist nicht nur sehr schlagfertig, sondern er erfindet auch unentwegt wunderbar passende Spitznamen für sämtliche Freunde. Während eines gemeinsamen Thailand-Urlaubs, bestellte sich eine Freundin bereits morgens um 11 Uhr am Strand einen Campari-Orange. »Du bist ja wie Sue-Ellen (Dallas), die trinkt auch immer so viel«, kommentierte Bobby die Szene.

Seitdem heißt diese Freundin »Sue-Ellen«.

Eine unserer Freundinnen, die eher klein und vollschlank

v. l.: Gerd, Mutter Ella, Bobby, der Vater und Horst

ist, heißt nun nicht mehr Anne Quincerot, sondern »Anna Brühwürfel«, eine andere heißt aus unerklärlichen Gründen »Miss Ellie«. Auf Goa lief uns vor einiger Zeit ein streunender Hund zu, der immer Essensreste bekam, weil er so ausgehungert war. Er fraß wirklich alles und heißt seither »Tengelmann«. Ein mitreisender Freund hatte in den ersten Urlaubstagen statt seiner sonst etwas hippiemäßigen Kleidung, ein eher elegantes Outfit gewählt und trug die mittellangen Shorts von Ralph Lauren und immer den passenden Hermès-Gürtel dazu. Daher seit dem nur noch »Hermès-Henry«.

Warum Kojak lebt!

Der Unterschied zwischen realer Welt und der Welt des Fernsehens verwischt sich bei Bobby.

Vor einer USA-Reise wünschte er sich, Kojak zu treffen. Ich erklärte ihm, daß die Reise nicht nach New York, sondern nach Miami ging und Kojak bzw. Telly Savalas inzwischen tot sei. Bobby widersprach: »Das stimmt gar nicht, ich habe ihn erst gestern im Fernsehen gesehen!«

Wenn er Senta Berger im Fernsehen sieht, die ja im Film seine Mutter gespielt hat, winkt er ihr zu und ruft »Mama!«

Das mit dem Tod ist ihm auch nicht ganz klar. Seine vor über zehn Jahren verstorbene Mutter Ella ist jetzt im Himmel, sitzt vergnügt auf einer Wolke und raucht.

Mutter ist immer die Person, die kocht!

Den Unterschied zwischen hetero- und homosexuellen Männern kann Bobby nicht wirklich nachvollziehen, obwohl er

schon so lange mit mir und Udo lebt. Einerseits weiß er, daß
»Herr Bredi«, also ich schwul bin, aber für mich und Udo, den
»Mister Herr Bendel«, ist noch nicht alles zu spät. Es gebe, so
meint Bobby, durchaus noch Chancen, die passende Frau zu
finden. Weil ich schwul bin, bekomme ich übrigens jedes Jahr
ein Geschenk zu Muttertag von Bobby, denn Mutter ist immer
die Person, die kocht!

Blondinen bevorzugt

Bobby schwärmt für blonde Frauen. Sie müssen gut aussehen,
gut angezogen und gut geschminkt sein. Wie Veronika Ferres
eben, das »Superweib«. Er hatte sie persönlich kennengelernt,
und seitdem hatte er den Traum, einen Film mit ihr zu drehen,
indem sie zusammen tanzen.

Inzwischen dreht Bobby wirklich einen Film mit Veronika
Ferres. Der Film heißt »Junge, Junge, dieser Bobby!« Es gibt
zwar keine Tanzszene, aber dafür singen sie gemeinsam und er
darf sie küssen und seinen Kopf an ihren Busen legen. Darum
werden ihn sicher viele beneiden!

Durch diesen neuen Film, ist Bobby sehr viel sicherer
geworden, er ist selbstbewußter und schauspielerisch besser.
Auf meine Frage, ob er Lampenfieber habe, antwortet er:
»Wieso? Der Bobby bin ja ich!«

Heiratspläne

Eine Freundin kennt eine Frankfurter Familie, die auch eine Tochter mit dem Down-Syndrom hat. Theresa Gräfin Praschma heißt
die junge Dame, und die beiden sollen sich mal treffen.

So fragte ich Bobby, ob er Lust habe, die junge Gräfin ken-
nenzulernen: »Die kann mich ruhig heiraten – aber ich bleib'
auf jeden Fall in München wohnen!«

Wenn er die Gräfin heiraten würde, könnte er ihren Namen
annehmen, und dann gäbe es einen echten »Graf Bobby«.

BINGO!

Bobby ist sehr modebewußt. Außer seiner Kappe, die mit seinem Namen bestickt ist, trägt er am liebsten Raver-Klamotten
von Polo Ralph Lauren in X-Large. Direkt vor diesem Laden
in der Maximilianstraße gibt es einen Behinderten-Parkplatz.
Ich hatte dort geparkt, um schnell etwas Neues zum Anziehen
zu kaufen – aber Bobby ist ja kein Rollstuhlfahrer!

Als Bobby und ich wieder aus dem Laden kamen, stand
schon eine Politesse davor und schrieb ihren Zettel. Ich bat
Bobby flüsternd, einen Schwächeanfall zu markieren. Gesagt,
getan! Bobbys Leistung war meisterhaft. Mitfühlend und ver-
ständnisvoll zerriß die Politesse das Ticket.

Kaum ins Auto gestiegen, die Tür noch nicht ganz zu, zeigt
Bobby mir das Victory-Zeichen und sagt: » ... BINGO ... !«

Bobby sagt, was er denkt!

Vor der Überreichung der Unterschriften-Sammlung »Aktion
Grundgesetz« in Bonn an Antje Vollmer, sollte Bobby bei Guildo
Horn auf dem Motorrad mitfahren. Er bekam einen supercoolen
Harley-Davidson-Helm aufgesetzt. Als Bobby mitbekam, daß ich
etwas ängstlich war, bekam ich zu hören: »Sei doch nicht so
spießig!« Schon brauste er queen-like winkend mit Guildo davon.

Der Schauspieler Bobby Brederlow

Vor einem Synchrontermin ermahnte ich ihn im voraus, nicht wieder so bockbeinig zu sein. »Ich weiß schon, ich stotter dann synchron, wir brauchen ja das Geld.«

Eine sehr gute Freundin von Bobby, Udo und mir hatte sich einen schwarzen Rollkragen-Pullover gekauft. Als sie ihn stolz vorführte und auf allgemeines Lob spekulierte, sagte Bobby: »Der steht dir sehr gut! Besonders, weil man jetzt deinen schrumpeligen Hals nicht mehr sieht!«

Im letzten Jahr, als auf dem Konto der Familie Brederlow mal wieder Ebbe herrschte, kam die Überweisung von Bobbys Filmgage. Wir waren gerettet!

Beim Abholen der Kontoauszüge war Bobby ganz glücklich und sagte zu Udo und mir: »Wie gut, daß ich das Down-Syndrom habe!«

Was bleibt, ist die Sorge

Auf die Frage, was er tun würde, wenn er für einen Tag Deutschland regieren dürfte: »Durchsetzen, daß Behinderte im Parlament vertreten sein dürfen!«

Unsere Sorgen heute?

Was soll aus Bobby werden, wenn wir mal nicht mehr leben?

Ich wünsche mir aus diesem Grund, daß er lieber vor mir sterben soll.

Auf der anderen Seite:

Ein Leben ohne Bobby kann ich mir gar nicht mehr vorstellen.

»Nur für die wirklich wichtigen Dinge...«

von Christian Trutschel

Sascha Juers folgt nun schon zwei Stunden den Gesprächen und er wirkt immer noch interessiert. Ungewöhnlich für einen zwölfjährigen. 21 Erwachsene - überwiegend Frauen - und sechs Kinder drängen sich in dem kleinen Raum mit dem großenTisch, der in Brodten bei Travemünde steht. Dort, im Theodor-Schwartz-Haus der Arbeiterwohlfahrt, veranstaltet der schleswig-holsteinische Landesverband für Körper- und Mehrfachbehinderte seinen Jahreslehrgang. Schwerpunktthema ist diesmal die Geschwisterproblematik. Vielleicht ist deshalb Sascha so geduldig bei der Sache. Seine Schwester Romina ist fünfeinhalb und mehrfach schwerst-behindert. Eine Minute Atemstillstand bei der Geburt, danach noch mehrere Minuten unzulänglicher Atmung - und ihr Gehirn war für immer geschädigt. Die gesamte Motorik ist seitdem gestört und damit auch die Sprachentwicklung. »Sie kann weinen«, sagt ihre Mutter, »aber wegen was? Wir wissen es ungefähr.« Sascha habe ganz starken Anteil an Rominas kleinen Fortschritten. »Wir haben ihn von dem Moment an miteinbezogen, als er fragte ›Warum hebt sie die Hände immer so komisch?‹, ›Warum sackt ihr Kopf so weg?‹. Da haben wir offen geantwortet. Und ich kann das Eltern in so einer Situation nur raten.« Die älteste Tochter Vivien, heute 22, zog vor

drei Jahren aus dem Haus in Norderstedt. »Wenn sie von der
Lehre kam, war sie nur für Romina da.« Inzwischen - nach
einem vorübergehenden Zerwürfnis mit den Eltern - kommt
sie wieder. »Dadurch können wir auch mal weg. Allein die
Möglichkeit, die Vivien ist wieder da, ist schön«, sagt Angeli-
ka Juers. Sie hätten mit den Kindern offen darüber gesprochen, was mal werde, wenn sie und ihr Mann nicht mehr
seien: »Dann kommt sie in ein Heim. Da antwortete Sascha:
›Romina kommt nie in ein Heim, die bleibt immer bei mir.‹«
Hanne Stenberg-Scheffler, Psychologin im Kinderzentrum Pel-
zerhaken, Familien- und Paartherapeutin, arbeitet seit über 20
Jahren mit Behinderten und leitet diesen Nachmittag in Brodten. »Ein behindertes Kind«, sagt sie, »bedeutet Streß für die
ganze Familie.« Die Geschwisterkinder seien von sämtlichen
familiären Verarbeitungsprozessen und Fehlverarbeitungen
betroffen: »Ich freue mich in einer Therapie immer, wenn
Geschwisterkinder ihre Wut zeigen. Die sind nicht so gefähr-
det. Die stillen Kinder haben oft resigniert: »Die Eltern stellen
zu hohe Ansprüche an mich, die kann ich nie erfüllen. Ich
komme sowieso nie zu meinem Recht.« Aber jedes Kind
braucht Lob und Zuwendung. Oft sind es Kleinigkeiten, auf
die es ankommt, wie das Vorlesen am Bett.« Sascha spiele mit
Romina, als wäre sie nicht behindert, erzählt der Vater, Mario
Juers, »und alle sagen uns, Ärzte, Therapeuten, das wäre das
Optimale.« Damals, nach Rominas Geburt, hätten sie sich
darauf eingestellt, »daß die Kleine gar nichts können wird.
Wir erwarteten nichts. Alles über Null betrachteten wir als
Geschenk. Und das macht uns so positiv.« Die Schwiegerel-
tern, nächste Verwandte, hätten immer geglaubt, das werde
schon bald besser, und seien nun tief enttäuscht. Sie könnten

mit dem Mädchen nicht umgehen. Sascha und Vivien dagegen seien mit der Aufgabe gewachsen. Dem Zwölfjährigen fehlt die ältere Schwester, aber mehr noch Unternehmungen nur mit seinen Eltern. »Ins Kino gehen. Zusammen essen gehen, ohne daß Romina dauernd stört. Zusammen ins Fußballstadion gehen.« Was stört ihn am meisten? »Daß Papa immer sofort Romina auf den Arm nimmt, wenn er nach Hause kommt. Er hat sie dauernd auf dem Arm. Alle fünf Minuten.« Soll er statt dessen ihn auf den Arm nehmen? »Nein«, antwortet er streng. »Er soll mit mir spielen. Schiffe-Versenken oder so.« Sein Vater hat von einer Sekunde zur anderen wässrige Augen. Das sei ihm nicht genug bewußt, sagt er trocken. Doch die Gedanken der Eltern kreisen nun mal unablässig um das Sorgenkind, seit fünfeinhalb Jahren, Tag und Nacht, und dann kommen ganz von selbst Sätze wie diese: »Mit uns zusammen zum HSV – das wär das Schönste für ihn. Wir könnten auch unsere Tochter fragen, ob sie dann aufpaßt. Aber das wollen wir nicht zu oft tun. Nur für die wirklich wichtigen Dinge, wenn mal ein Vortrag im Behindertenverein ist oder eine Sitzung, zu der wir beide müssen.« Und niemals würden sie leugnen, daß Sascha zu den ganz wichtigen »Dingen« gehört, aber der Gesunde funktioniert eben. Meistens. In der Schule sei er schon hin und wieder sehr aggressiv. »Aber er muß seine Aggressionen irgendwo rauslassen. Weil sie einfach rausmüssen.« Inga Bildt, Kielerin und heute 28, ist Schwester eines heute 30jährigen, seit seinem siebten Lebensjahr in Folge einer Operation behinderten Bruders. »Je älter man wird, desto mehr realisiert man, was da eigentlich für Probleme waren. Und im nachhinein sage ich schon zu meinen Eltern: Manchmal bin ich zu kurz gekommen. Damals störte mich, daß sie sich so viel Zeit für ihn nahmen, oder daß er das größere Zimmer hatte zum Beispiel, oder in der näheren Verwandtschaft, die sich mit seiner Behinderung schwerer tat als wir selbst, daß er die größeren Geschenke bekam. Ich war vier, fünf Jahre alt, als es passierte. Probleme hatte ich eher in meinem eigenen Freundeskreis. Ich hörte einige Male: ›Ich komm nicht zu dir zum Spielen, ich mag deinen Bruder nicht, ich hab Angst vor ihm.‹ Ich habe dann sortiert und bald nur noch Freunde gehabt, die zu uns gekommen sind und auch gut Freund mit Olaf sein konnten. Das sind merkwürdigerweise die Freundinnen, die ich heute noch habe.« Zu Hause war ihre Mithilfe zwar gefragter als bei Gleichaltrigen, »aber wir hatten eine besondere Situation. Mein Bruder ist ja älter als ich, und ich war seine kleine Schwester. Als er aus dem Krankenhaus wieder nach Hause kam, war er wie ein Säugling. Er konnte nicht mehr laufen und nicht mehr sprechen. Als ich zehn, elf Jahre alt war, fingen meine Eltern an, abends für ein paar Stunden wegzugehen, und ich war dann der Babysitter. Ich habe ihm die Ente vorgelegt, und wenn er geweint hat, habe ich mich zu ihm ins Bett gelegt, bis meine Eltern wiederkamen.« Findet sie dieses Verhalten der Eltern gut? »Ja. Ich war viel schneller auf eine besondere Art selbstbewußt als andere in meinem Alter.« Die Atmosphäre zu Hause habe sie überhaupt nicht als gedrückt in Erinnerung. »Vielleicht haben unsere Eltern das vor uns gut verborgen. Wir haben trotz alledem eine unbeschwerte Kindheit gehabt, in einer tollen Umgebung in Holtenau, mit viel Natur und viel Freiraum – das spielte eine große Rolle.« Hat sie noch Kontakt zu ihrem Bruder? »Ja. Gerade gestern war er hier. Inzwischen haben meine beiden Töchter die Scheu vor ihm verloren, und er beginnt, mit ihnen zu sprechen.« Berkenthin ist ein idyllischer Ort am Elbe-Lübeck-Kanal. Die Plaths wohnen in einem umgebauten alten Hofgebäude. Gleich nebenan ein Bauernhof, Enten, Kühe, denen Yvonne gerne vorsingt. Sie ist 7 und geht auf eine Schule für geistig und körperlich Behinderte in Mölln. Davor war sie zwei Jahre lang in dem örtlichen Integrationskindergarten, für den »ein sehr aufgeschlossener Pastor und ein toller Bürgermeister mit mir gekämpft haben«, erzählt Yvonnes Mutter, Ellen Plath. In Berkenthin werde kein Unterschied zwischen Behinderten und Nicht-Behinderten gemacht, »das ist das Wichtige. Für die Kinder ist es ganz normal, miteinander zu spielen.« Die beiden älteren Geschwister – Corinna, 11, und Florian, 17 – haben schon, als Yvonne noch sehr klein war, abends aufgepaßt. »Na ja, mehr ich«, sagt Florian mit einem Anflug von Lächeln. »Seit einem Jahr kann man am besten Memory mit ihr spielen«, erzählt Corinna. Aber sie schummle »extrem«, wie Florian anmerkt. Und richte ein ziemliches Chaos in den Zimmern ihrer Geschwister an. »Sie ist auf dem Stand einer Dreieinhalbjährigen«, erklärt Ellen Plath. Ursache sei »wahrscheinlich ein Gen-Defekt«. Die Geschwister haben eine Taktik entwickelt, damit das Aufräumen nicht an ihnen hängenbleibt: »Wir erklären es einfach zum Spiel. Wer als erster die meisten Teile zurück in die Schubladen gelegt hat, gewinnt. Dann macht sie mit.« Geschont wird Yvonne nicht. »Immer gib ihm«, sagt Florian, »das braucht sie auch.« Ellen Plath war mit Yvonne zum zweiten Mal beim Lehrgang des Landesbehindertenverbandes, Corinna war beide Male dabei. Hat es ihr gefallen? »Ja. Vor allem, daß andere das gleiche haben, daß wir nicht ganz allein sind.« Florian, der mit seinem Vater zu Hause blieb, hat die beiden Lehrgänge genossen.

Zehn Tage ohne die Frauen, »das war Urlaub pur.« Er ist in der Freiwilligen Feuerwehr Berkenthin, spielt Tischtennis und sagt, daß er eigentlich immer genug Zeit für Freunde und Hobbys habe. Er sucht jetzt eine Landmaschinenmechaniker-Lehrstelle und möchte zu Hause wohnen bleiben. Sowohl seine als auch Corinnas Freunde kommen zu ihnen, wenn die beiden auf Yvonne aufpassen sollen. »Mein Mann und ich«, erzählt Ellen Plath, »waren damals sehr geschockt. Die Kinder, glaube ich, haben das schneller verarbeitet. Corinna sagte zwar einige Male: Es tut unheimlich weh, daß sie anders ist, daß sie das nicht kann«, aber sie mache ihren Weg. »Psychologen, die bei den Lehrgängen mit ihr geredet haben, sagen, um sie bräuchte ich mich nicht zu sorgen. Sie sieht Sachen, bevor ich sie sehe. Sie schlichtet zwischen Yvonne und mir und bringt sie davon ab, sauer zu sein, und ich kann mich in der Zeit auch wieder beruhigen.« Die Wertigkeiten hätten sich verschoben. Kleine Fortschritte Yvonnes seien große Tage, Hausarbeiten ihr nicht mehr so wichtig wie früher. »In der Zeit kann ich lieber mit Yvonne spielen. Wenn Corinna eine schlechte Zensur mit nach Hause bringt, hätte ich mich früher tierisch aufgeregt. Heute denke ich: Dann macht sie zur Not eben die Klasse nochmal. Es gibt viel Schlimmeres.«[*]

---

[*] Autor: Christian Trutschel im Journal der Kieler Nachrichten, Kiel 1998

Studien zur Entwicklung
der Geschwister behinderter Kinder

Die wichtigsten Studien, die es zur psycho-sozialen Situation der Geschwister behinderter Kinder in Deutschland gibt, hat Dr. Waltraud Hackenberg Anfang und Ende der 80er Jahre gemacht.*

Sie ist Diplompädagogin, -psychologin und Psychoanalytikerin, arbeitete mehrere Jahre im Kinderneurologischen Zentrum der Rheinischen Landesklinik in Bonn, hat eine eigene Praxis, hält als Privatdozentin aber auch Vorlesungen an der Universität Köln.

Wie sind sie bei Ihren Studien vorgegangen?

In der ersten Studie habe ich 101 Kinder zwischen sieben und zwölf Jahren aus 88 Familien in ausführlichen Gesprächen, durch wissenschaftliche Tests, Fragebögen, Zeichnungen zu ihrem behinderten Geschwisterkind und zur allgemeinen Situation in der Familie Stellung nehmen lassen. Dabei waren ganz unterschiedliche Fragen zu beantworten, zum Beispiel:

---

* Waltraud Hackenberg: Die psycho-soziale Situation von Geschwistern behinderter Kinder. Edition Schindele, Heidelberg 1987
Waltraud Hackenberg: Geschwister behinderter Kinder im Jugendalter – Probleme und Verarbeitungsformen. Edition Marhold, Berlin 1992

»Glaubst du, daß dein behindertes Geschwister leicht, mittel oder schwer behindert ist?« oder »Was mögen deine Eltern an dir besonders gerne?«

Außerdem gab es ausführliche Gespräche mit den Eltern, in der Regel mit der Mutter. Da ging es um Themen wie: »Welche Vorstellung haben sie von Beruf und Zukunft Ihrer Kinder?« und »Welche Bedeutung hat die Behinderung für Sie persönlich?«

Woher kannten Sie die Familien, die Sie befragten?

Aus meiner Tätigkeit am Kinderneurologischen Zentrum in Bonn und über die Frühförderung der Lebenshilfe Bonn e.V. Ich schrieb diese Familien an, erklärte ihnen mein Anliegen und bat sie und ihre Kinder, an der wissenschaftlichen Untersuchung teilzunehmen.

Waren alle Familien bereit, mitzumachen?

Vier Prozent reagierten gar nicht, zwanzig Prozent sagten ab. Zu den häufigsten Begründungen gehörten organisatorische Schwierigkeiten, also umständliche Hin- und Herfahrt, Betreuung der anderen Kinder während der Zeit der Befragung. Oder Bedenken wie »Wir wollen unser Kind damit nicht noch zusätzlich belasten«. Aber auch: »Bei uns läuft alles prima.« Dabei sagten weit häufiger Eltern von Mädchen als Eltern von Jungen ab. Hier fanden wir schon geschlechtsspezifische Vorstellungen über die Rolle der Geschwister in dem Sinne, daß Betreuung und Rücksicht auf das behinderte Kind für die Schwester weniger belastend sei als für die Brüder. Um die Entwicklung ihrer nichtbehinderten Söhne machten sich die Eltern eher Sorgen.

Sind Studien mit Kindern nicht besonders schwierig?

Das stimmt. Meist nehmen Kinder nicht aus eigenem Interesse an einer Studie teil, sondern weil sie von ihren Eltern geschickt werden. Kinder sind auch nicht gewohnt, über eigene Gedanken und Gefühle zu sprechen. Oft befürchten sie, daß negative Äußerungen an ihre Eltern weitergegeben werden. Man muß sich also sehr gut auf die Kinder einstellen, um ehrliche Antworten zu bekommen. Ich habe mir große Mühe gemacht, den Kindern zu erklären, warum diese Studie so wichtig ist und daß es auf ihre Meinungen und Erfahrungen ankommt.

Haben Sie ehrliche Antworten bekommen?

Ja, in der Mehrzahl sicherlich. Bei vielen Tests sind Kontrollfragen eingearbeitet, um geschönte Antworten oder Widersprüche aufzudecken. Es zeigte sich, daß die Kinder ihre Angaben mit großer Offenheit machten.

Was war für Sie überraschend an den Untersuchungsergebnissen?

Es gab eine Reihe erstaunlicher Ergebnisse, wobei man allerdings vorsichtig sein muß in der Verallgemeinerung dieser Daten. So schätzen sich Geschwister behinderter Kinder zum Beispiel extrovertierter und emotional labiler ein als Kinder ohne behinderte Geschwister. Sie greifen – und das fand ich bemerkenswert – viel seltener zu kleinen Lügen, um sich selber besser darzustellen. Sie sind ehrlicher, aber auch kritischer sich selbst gegenüber. Und sie vermeiden aggressives Verhalten. Auffallend ist außerdem, daß sie ihr Geschwisterkind stark idealisieren, es also für lieb und unschuldig halten.

Gab es Besonderheiten bei den Mädchen und bei den Jungen?

Die Mädchen zeigen stärkeres soziales Engagement als Schwestern nichtbehinderter Kinder, Brüder hatten in ihrer Einstellung geringere Maskulinität, das heißt weniger typisch männliche Verhaltensmuster. Sie waren weniger aktiv, weniger aggressiv, dafür feinfühliger als gleichaltrige Jungs ohne behinderte Geschwister.

In Ihrer zweiten Studie haben Sie 76 dieser Kinder ein paar Jahre später wieder um ihre Stellungnahme gebeten. Aus den Kindern waren Jugendliche geworden, zwischen vierzehn und zwanzig Jahre alt. Was waren die Ergebnisse dieser Studie?

Vieles, was für die Entwicklung vorhersehbar schien, war tatsächlich eingetreten. Die Mehrzahl der Geschwister hatte sich – für ihr Alter – zu reifen Persönlichkeiten entwickelt. Die meisten Mädchen zeichneten sich nach wie vor durch starkes soziales Engagement aus. Viele Jungen vermieden weiterhin aggressive Reaktionen. Das wirklich Erstaunliche aber war der hohe Anteil positiver Beurteilungen der Erfahrungen mit dem behinderten Geschwisterkind. 87 Prozent der Befragten sahen das Aufwachsen mit einem behinderten Geschwister auch als persönlichen Gewinn.

Sie reflektieren ihre Entwicklung und sehen neben den Einschränkungen auch die Vorteile für ihre Charakterbildung.

Wo liegen Ihrer Meinung nach die hauptsächlichen Risiken für die Geschwister?

Eine große Gefahr sehe ich in der Überforderung. Viele Eltern erwarten von ihren nichtbehinderten Töchtern und Söhnen sehr früh sehr viel Selbständigkeit. Sie ziehen sie zu Mithilfe heran, übertragen ihnen oft auch schon früh zu viel Verantwortung. In der Regel wollen die Kinder ihren Eltern helfen. Sie erkennen ja meist, wie schwierig die Situation ist. Also geben sie sich Mühe, die Erwartungen ihrer Eltern zu erfüllen. Mir hat ein Kind gesagt: »Mit mir sollen Mama und Papa keine Mühe haben. Ich will nicht ihr zweites Sorgenkind sein.« Eine solche Einstellung führt schließlich zur Selbstüberforderung. Denn soviel kann gar kein Kind leisten wie das, was es sich selbst in seiner übergroßen Hilfsbereitschaft vornimmt.

Eine andere große Gefahr ist meiner Meinung nach die emotionale Vernachlässigung der nichtbehinderten Kinder durch die Eltern. Die Kinder verhalten sich meist sehr angepaßt. Sie tun, was man ihnen sagt. Sie »funktionieren« reibungslos. Die Eltern, die ja selbst stark belastet und überfordert sind, denken, alles ist in Ordnung, und erkennen nicht, daß dieses Verhalten auf Überangepaßtheit beruht. Sie schauen deswegen nicht genau hin, erkennen Probleme, die ihre nichtbehinderten Kinder haben oft gar nicht oder zu spät. Grundsätzlich ist es wichtig, daß das Geschwister als Individuum angesehen wird, mit eigenen Interessen und Bedürfnissen – und nicht als Ersatz und Trost für die Eltern. Letzteres führt zur Selbstentfremdung des Kindes und stellt ein hohes Risiko für spätere psychische Erkrankungen dar.

Wovon hängt es ab, ob die Entwicklung des Geschwisterkindes positiv verläuft, also zu mehr Reife und sozialer Belastbarkeit führt, oder negativ, das heißt Schuldgefühle und Verbitterung hervorruft?

Das ist eine komplexe Frage, wo Anlagen des Kindes Familienkonstellation, Familienatmosphäre, soziales Umfeld und das Vorhandensein anderer Belastungsfaktoren (zum Beispiel schwierige ökonomische Situation, schwere Krankheiten oder Todesfälle) zusammenspielen.

Ein wichtiger Faktor ist sicherlich die elterliche Lebenszufriedenheit, besonders die Zufriedenheit der Mutter mit ihrer Rolle und auch ihre Verarbeitung der Behinderung. Großen Einfluß hat auch die Art der Kommunikation in der Familie, also wie offen über die Behinderung gesprochen wird. Dazu

gehört auch die Einbindung der Kinder in die Entscheidung,
wie die Zukunft des behinderten Geschwisters aussehen soll.
Manche Eltern sagen ihren Kindern nicht, daß sie vorhaben,
das behinderte Kind in ein Heim zu geben. Die Geschwister
fühlen sich dann überrumpelt, reagieren häufig mit Schuldge-
fühlen. Oder aber: Die Geschwister beziehen Schwester oder
Bruder mit ein in ihre eigene Zukunftsplanung, nicht ahnend,
daß ihre Eltern bereits einen Wohngruppenplatz beantragt
haben. Auch das führt zu Frust und Mißverständnissen.

Die spezifische Aufgabe der Geschwister behinderter Kinder
liegt darin, in ihrer Entwicklung ein Gleichgewicht zwischen
Altruismus und Selbstbehauptung zu finden. Jede Verschie-
bung zu einem Pol kann die psychische Stabilität gefährden.

Welchen Stellenwert haben Elternhaus und soziales Umfeld
für die Entwicklung der Geschwisterkinder?

Beides ist von großer Bedeutung. Aber man muß zeitlich dif-
ferenzieren. Am Anfang ist der entscheidende Faktor sicherlich die familiäre Atmosphäre. Herrscht in der Familie ein
positiver, optimistischer Grundton, das heißt, gibt es trotz der
Belastung durch das behinderte Kind Fröhlichkeit und Har-
monie, erleben die Geschwister die Situation nicht als so
bedrückend. Aber schon bald, so ab dem sechsten Lebensjahr
wird das soziale Umfeld für die Entwicklung eines Kindes
immer wichtiger. Die Einflüsse durch die Schule, durch Freunde nehmen deutlich zu. Und da kommt es natürlich sehr darauf an, wie behindertenfreundlich oder -feindlich die Umwelt
reagiert, ob es Verständnis für die Situation einer Familie mit
behindertem Kind gibt oder ob es abgelehnt wird.

Wer hat Ihrer Meinung nach die größten Probleme in Familien mit behinderten Kindern?

Die größte praktische und emotionelle Belastung hat in der Regel sicher die Mutter, aber sie setzt sich in ihrem Alltag aktiv damit auseinander. Daher hat sie gute Chancen, die Belastung zu bewältigen und zu verarbeiten. Über den Seelenzustand des Vaters weiß man weniger. Väter wurden bislang viel zu wenig in wissenschaftliche Studien einbezogen. Auch ein Mann leidet stark darunter, ein behindertes Kind zu haben. Aber er kann seine Ängste, Kränkungen, Verunsicherungen im Normalfall weniger gut zugeben als die Mutter. Er hat weniger Strategien, mit seinen Problemen zurechtzukommen. So kann es Vätern schlechter gehen als Müttern. Aber durch Studien zu belegen ist das eben (noch) nicht. Die Probleme der Geschwister schließlich hängen von einer Reihe von Faktoren ab, die wir schon aufgezählt haben. Sie können die Belastung zeitweise als riesengroß, mal als klein empfinden.

Welche Kinder und Jugendliche sind von der Geschwister-Konstellation her besonders belastet?

Vor Verallgemeinerungen sollte man sich hüten. Es scheint aber so zu sein, daß ein enger Geschwisterabstand belastend wirkt. Außerdem neigen ältere Kinder dazu, die behinderte Schwester oder den behinderten Bruder stark zu idealisieren. Sie erlauben sich dem Geschwisterkind gegenüber keinerlei negative Gefühle. Sie unterdrücken ihre Wut, ihre Enttäuschung, ihre Eifersucht und haben Schuldgefühle, wenn ihnen das nicht immer gelingt. In meiner zweiten Studie zeigte sich, daß Geschwister, die jünger sind als das behinderte Kind, eher Schwierigkeiten mit ihrer Identitätsfindung haben. Ihre Rollen sind unklarer als die der älteren Geschwister, die mit ihren Eltern zusammen bereits eine Reihe von Schwierigkeiten durchgestanden haben. Jüngere sind meist auch schlechter informiert über die Behinderung. Das macht sie im sozialen Umfeld unsicherer. Für sie ist es schwer zu verkraften, daß der ältere Bruder, oder die Schwester vieles schlechter oder gar nicht kann. Verständlicherweise fällt es einem Kind leichter zu sagen: »Mein jüngerer Bruder ist behindert« als »Mein älterer Bruder kann das nicht«. Das ist übrigens geschlechtunabhängig. Da reagieren Mädchen genau wie Jungen.

Welche elterlichen / geschwisterlichen Abwehrmechanismen erkennen Sie am häufigsten?

Der Begriff »Abwehrmechanismus« ist meist negativ besetzt. Das muß man differenzierter sehen. Abwehr ist im Grunde etwas Positives, nämlich ein wichtiger Schutz für die Psyche. Abwehr ist sinnvoll und hilfreich. Erst wenn die Abwehr zu stark ist und zu lange dauert, wird es kritisch. Ich halte es für normal, wenn Eltern den Schmerz und die Enttäuschung über die Behinderung in der ersten Zeit abwehren, indem sie die Realität verleugnen oder verdrängen. Nach solch einem einschneidenden Lebensereignis kann man nur langsam die damit verbundenen Gefühle zulassen. Bei einigen Geschwistern habe ich Abwehr durch emotionale Distanzierung und Rückzug gefunden. Auch eine starke Idealisierung des behinderten Kindes kann Abwehrcharakter haben, wenn sie der Vermeidung negativer Gefühle wie Wut oder Eifersucht dient.

Welchen Einfluß hat das Aufwachsen mit einem behinderten Kind auf die Berufs- und Partnerwahl?

Dazu kann ich leider noch nicht viel sagen. Ich habe in meinen Untersuchungen die Kinder und Jugendlichen nach ihren Berufswünschen gefragt. Die gingen meist nicht in den sozialen Bereich.

Was die Partnerwahl betrifft: Viele Jugendliche meinen, eine behinderte Schwester, einen behinderten Bruder zu haben, das schränkt ein bei der Suche nach einem passenden Partner. Andererseits sehen die meisten Jugendlichen gerade darin ein wichtiges Auswahlkriterium, als Charaktertest sozusagen: »Wenn sie/er mich nicht mag, weil ich eine behinderte Schwester, einen behinderten Bruder habe, wenn sie/er das nicht packt, dann ist er/sie nicht die/der richtige für mich.«

Die Geschwister sehen also die Einschränkung durchaus, aber sie beurteilen sie positiv. Der Umgang mit Behinderung ist zu einem sehr wichtigen Maßstab in ihrem Leben geworden.

Behinderte und ihre Geschwister im Film

S ie werden sich sicher an den Film »Rainman« erinnern, der vor einigen Jahren die Kinos eroberte. In den Hauptrollen waren Dustin Hofman und Tom Cruise zu sehen. Hofman spielte die Rolle des geistig behinderten Raimond, der in einem Heim bzw. in einem Sanatorium lebt. Sein Bruder, dargestellt von Tom Cruise, erfährt nach dem Tod seines Vaters auf Umwegen, daß er einen Bruder hat. Zunächst geht es ihm, der in Geldschwierigkeiten ist, nur um sein Erbe, als er sich auf den Weg macht, seinen Bruder zu besuchen. Er beschließt den Bruder mitzunehmen in seine Wohnung, in sein Leben. Vieles geht schief, denn der autistische Raimond, hat bestimmte Gewohnheiten. So frühstückt er immer um eine bestimmte Uhrzeit, keine Minute früher und keine später. Jeden Tag um eine bestimmte Zeit sieht er seine Lieblingssendung im Fernsehen. Sie zu verpassen, kann er nicht ertragen, genauso wie er Berührungen und bestimmte Geräusche nicht ertragen kann. Sie bereiten ihm körperliche Schmerzen. Das alles weiß der Bruder nicht, wie sollte er auch?

So beginnt für ihn eine abenteuerliche Zeit, die Zeit der Annäherung an seinen ungewöhnlichen Bruder, der ihn ebenso oft überrascht wie erzürnt. Den er manchmal am liebsten auf der Autobahn aussetzen würde, und den er im nächsten

Moment doch viel zu gern hat. Der Film zeigt, in amerika-
nisch verkitschter Manier, die Geschichte einer Annäherung
zweier Geschwister. Der nichtbehinderte Bruder lernt, den
behinderten Bruder anzunehmen und schließlich sogar zu lieben. Am Schluß steht nicht mehr das Erbe im Vordergrund,
sondern die Liebe. Und man glaubt es ihm, dem Bruder. Man
glaubt ihm die Liebe ebenso wie die Enttäuschung darüber,
daß Raimond die Entscheidung bei ihm, dem Bruder zu bleiben oder in sein Sanatorium zurückzugehen, nicht treffen
kann – das ist Teil seiner Behinderung.

Der Film hat Tausende zu Tränen gerührt. Doch bei nähe-
rem Hinsehen, wird man stutzig. Wer kann auf die Idee kommen, daß jemand, der nicht mit seinem behinderten Bruder
aufgewachsen ist, bereit ist, den Rest seines Lebens mit ihm in
einer Wohnung zu verbringen?

Auf diesen Gedanken kommen die Geschwister, die ihre
Kindheit mit dem behinderten Bruder/der behinderten Schwester geteilt haben, in den seltensten Fällen.

In diesem Zusammenhang müßte man auch darüber nachdenken, ob es üblich ist, daß nichtbehinderte Geschwister
zusammenleben bis ans Ende ihrer Tage. Das geschieht in den
seltensten Fällen.

Warum sollte das hier anders sein?

Ähnlich ein weiterer Film, diesmal ein deutscher Fernseh-
film mit dem Titel »Mein Bruder, der Idiot«, der die Geschwisterproblematik zum Mittelpunkt der Geschichte macht. Die
Mutter, dargestellt von Cornelia Froboes, lebt mit ihrem über
alles geliebten Sohn Jakob (Michael Wittsack), der das Down-
Syndrom hat, zusammen in München. Beide verehren Julian
(Martin Feifel), den Bruder Jakobs, der in Berlin als Musiker

(genauer als Pianist) in diversen Kneipen und Bars sein Geld verdient. Er geht seinem Bruder, der ihm liebevolle Pakete schickt, aus dem Weg. Selbst zu Jakobs Abschlußprüfung zum Hotelgehilfen läßt Julian sich nicht blicken, obwohl die Mutter ihm vorher gesagt hatte, daß es für Jakob das Wichtigste ist, daß sein Bruder kommt. Doch der Bruder kommt nicht. Jakob und seine Mutter sind furchtbar enttäuscht, mehr noch, für sie bricht eine Welt zusammen. Damit hat der Film seinen Buhmann.

Aber es kommt noch schlimmer. Ganz plötzlich verstirbt die Mutter und Julian, ob er will oder nicht, muß die Reise nach München antreten und sich der Familie, bzw. dem Bruder stellen. Alle Annäherungsversuche von Jakob prallen an ihm ab. Bis eine Sozialarbeiterin, die sich um Jakob kümmert, ins Spiel kommt. Sie streitet mit Julian, versucht ihm klarzumachen, daß er jetzt für das Leben seines Bruders verantwortlich ist. Und die Lösung scheint für alle klar. Julian hat in München zu bleiben, alle Ideen und Träume aufzugeben, und mit Jakob zusammenzuleben. Alles scheint ganz logisch. Sie eröffnen ein Lokal. Dort kann Jakob seinen Job als Hotel- und Küchengehilfe ausüben und seiner Leidenschaft, dem Kochen, nachgehen und Julian kann Klavierspielen. Das ist die einfachste Lösung. Ende gut, alles gut. So endet der Film.

Hier findet genau das statt, was Geschwistern von behinderten Menschen das Leben schwermacht. Die Gesellschaft weiß, was richtig ist. Und alle machen mit.

Sicherlich gibt es nichts dagegen einzuwenden, wenn Geschwister ihren behinderten Bruder oder ihre behinderte Schwester zu sich nehmen, aber es muß sich ergeben, muß in ihre Lebensplanung hineinpassen und von ihnen selbst vorgeschlagen und gewollt sein. Dann kann das sicher eine tolle Sache sein. Das beste Beispiel sind die Brederlow-Brüder.

Aber niemand hat das Recht, mit einer solchen Erwartungshaltung an die Geschwister behinderter Menschen heranzutreten und sie damit unter Druck zu setzen. Die Verantwortung werden die meisten irgendwann sowieso übernehmen, auch wenn der Bruder/die Schwester im Heim leben sollte. Auch dort brauchen sie den Kontakt zur Familie, brauchen eine Bezugsperson, der sie ihre kleinen und großen Sorgen erzählen können. Sie brauchen die sonntäglichen Besuche. Jemand muß auf die Kleidung achten, jemand muß die Urlaube organisieren. Das alles bleibt die Verantwortung der Geschwister, wenn die Eltern nicht mehr leben. Dessen sind sie sich alle bewußt, damit sind sie groß geworden.

»Unwertes Leben«?

Zur Erinnerung

Man kann und darf die Erfahrungen der Geschwister geistig behinderter Menschen nicht stehen lassen, ohne an den Teil deutscher Geschichte zu erinnern, der die Zuspitzung für Ausgrenzung, Diskriminierung und Ignoranz gegenüber behinderten Menschen darstellte.

Fest steht, daß Behinderte und psychisch Kranke zu den Opfergruppen gehören, die nie rehabilitiert wurden. Auch in den Nachkriegsjahren hat man sie vergessen und geschwiegen.

Noch heute wird des öfteren die Meinung vertreten, daß der Massenmord an Menschen mit Behinderungen während des Dritten Reiches den Ärzten aufgezwungen worden sei. Doch der geistige Grundstein war schon längst gelegt, lange bevor die Nationalsozialisten ihr Unwesen treiben konnten. Durch vorangegangene Diskussionen über die Erblehre und die damit verbundene Theorie der Selektion, die von vielen als etwas Selbstverständliches betrachtet wurde, waren die Greueltaten der Ärzte überhaupt erst möglich gemacht worden. Wann ein Menschenleben als »unwert« galt oder nicht, lag entgegen vieler bisheriger Behauptungen im Ermessen des behandelnden Arztes. Das Volk wurde mit Nazi-Propaganda-Plakaten auf den Massenmord vorbereitet, auf denen Texte der folgenden Art zu lesen waren:

Hier trägst Du mit
Ein Erbkranker kostet bis zur Erreichung des
60. Lebensjahres im Durchschnitt 50000 Reichsmark.

Unter diesem Text sieht man einen großen blonden Mann, der auf seinen Schultern gebeugt einen Stamm trägt, an dem auf jeder Seite ein schwächlich anmutendes Kind sitzt.

Die Bezeichnung »Erbkranker« war in der nationalsozialistischen Ideologie und Terminologie verankert. Es galt als selbstverständlich, daß jede geistige oder körperliche Behinderung nur durch schlechtes Erbgut, also schlechte Gene verursacht werden konnte. Der gesunde »arische« deutsche Mensch bekam derartige Kinder nicht. Das war das Gedankengut dieser Zeit.

Im März 2000 hat Bundesgesundheitsministerin Andrea Fischer auf der ersten Nationalen Gedenkfeier für die Opfer des Nationalsozialismus unter den psychisch Kranken und Behinderten eine Rede gehalten, in der sie die »Fakten auf den Tisch legt«. Endlich hat eine Politikerin den Mut gefunden, die Wahrheit zu sagen. Auszüge aus ihrer Rede, sollen an dieser Stelle zitiert werden:

»Die vorhandenen Mittel für die Betreuung psychisch Kranker, die im Zuge der Weltwirtschaftskrise stark reduziert worden waren, sollten auf die Behandlungsfähigen reduziert werden. Entscheidend ist, daß die reformorientierten Ärzte und Psychiater für sich in Anspruch nahmen, die Entscheidung treffen zu können, wer behandelbar sein sollte und wer nicht. Mit der Vorstellung, schweres Leid und Krankheit seien auszurotten, machten sie sich zu Herren über Leben und Tod. Und deshalb waren sie offen für, wenn nicht gar aktiv beteiligt

an dem industrialisierten Vernichtungsprogramm.

Die Folgen dieser Ideologie waren grausam:

· 400 000 gedemütigte, sterilisierte Menschen,

· 180 000 in den Gaskammern getötete chronisch kranke und behinderte Menschen,

· 70 000 ermordete psychisch Kranke in der berüchtigten ›Aktion T4‹,

· 10 000 ermordete Kinder und Jugendliche und

· 90 000 durch bewußte sogenannte »Hungerkost« getötete psychisch Kranke und Behinderte.

Die Techniken des Ermordens durch Gas wurden in den psychiatrischen Einrichtungen erprobt und kamen dann in den Vernichtungslagern im Osten zum Einsatz. Im weiteren Verlauf des Krieges, nach dem offiziellen Ende der Aktion T4, ging das Morden in den psychiatrischen Anstalten und wissenschaftlichen Institutionen weiter. Es kam zur sogenannten wilden Euthanasie mit Todesspritzen und Experimenten an sogenannten ›lebensunwerten Menschen‹. Auch nicht einsatzfähige Zwangsarbeiter wurden in den Einrichtungen getötet. (...)

Daß massiver Zwang gegenüber dem Personal ausgeübt werden mußte, ist inzwischen ebenso widerlegt wie die Vorstellung, daß es sich dabei um besonders aktive Nazis gehandelt habe. Die offizielle Basis für die Euthanasie war der auf den Kriegsbeginn zurückdatierte Tötungerlaß vom Oktober 1939 zum sogenannten ›Gnadentod‹.

Text des Erlasses von Adolf Hitler:

Bereichsleiter XY und Dr. med XY sind unter Verantwortung beauftragt, die Befugnisse namentlich zu bestimmender Ärzte so zu erweitern, dass nach menschlichem Ermes-

sen unheilbar Kranken bei kritischster Beurteilung ihres
Krankheitszustandes der Gnadentod gewährt werden kann.

Der Erlaß zeichnete sich dadurch aus, daß er sehr unbe-
stimmt blieb. Die Ausführung eines konkreten Falles wurde in
das Ermessen der Ärzte gelegt, ein Befehl zum Töten wurde
nicht erteilt. Diejenigen, die die Verbrechen ausführen sollten,
wurden mit Macht ausgestattet, damit sie das von ihnen
Erwartete aus eigenem Entschluß tun konnten, sei es aus
Überzeugung, so dem gesellschaftlichen Fortschritt dienen zu
können, oder aus Gründen der eigenen Karriere. Dieses
System bezog die einzelnen Täter offenbar sehr viel stärker
persönlich ein, als dies Befehle allein hätten erreichen können.
Sie wurden zu Komplizen der Macht. Sie erhielten die Legiti-
mation für Handlungen, über die sie selbst zuvor bereits
nachgedacht hatten. (...)

Nicht nur in Deutschland gab es die Tendenz, diejenigen
auszugrenzen, die nicht für die Gesellschaft nützlich waren.
Ich denke nur an das Beispiel Schweden, wo auch noch in den
fünfziger Jahren Zwangssterilisationen in großem Umfang
durchgeführt wurden und erst 1975 die Zwangssterilisation
verboten wurde. ... Widerstand gegen das Morden in den
Heil- und Pflegeanstalten gab es nur sehr vereinzelt. Am wichtigsten waren sicherlich die Predigten von Kardinal Graf von
Galen, die schließlich zum offiziellen Ende der Aktion T4
führten.

Der Umgang mit den Verbrechern an psychisch Kranken
und Behinderten nach dem Ende des zweiten Weltkrieges
widerlegt den Mythos, daß nach 1945 das Unheil schlagartig
vorbei war. ...

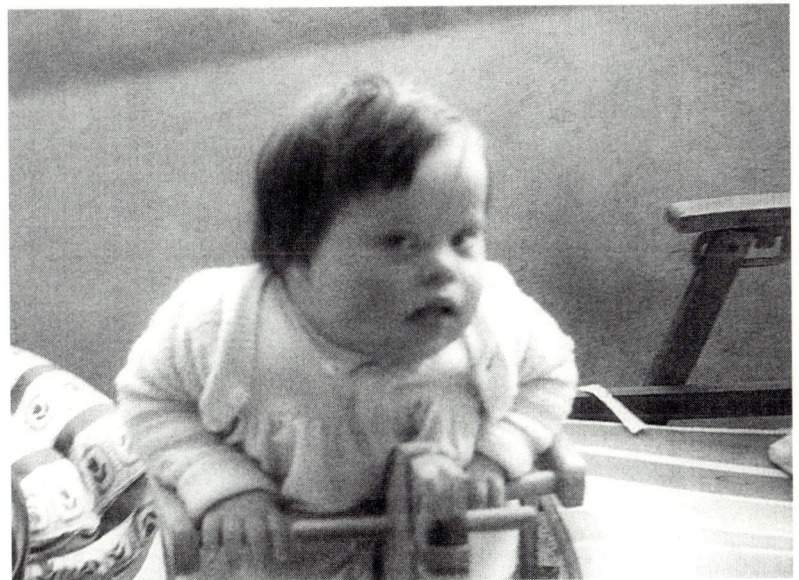

Die wenigsten der Täter in den psychiatrischen Anstalten
wurden hart bestraft oder wie manche zum Tode verurteilt.
Die weitaus größte Zahl konnte ihre Tätigkeit in Medizin und
Psychiatrie fortsetzen. Schon wenige Jahre nach dem Krieg
wurde in vielen Fällen nur auf Beihilfe zum Mord oder gar nur
Totschlag erkannt, mildernde Umstände wurden geltend
gemacht. Auch die Opfer, die zwangssterilisiert worden
waren, wurden nicht als Verfolgte anerkannt. Eine Distanzierung von den Taten erfolgte nicht, die Opfer wurden erneut
diskriminiert.

Es kann kein Zufall sein, daß es gerade die psychisch Kranken und die Menschen mit Behinderung waren, deren Schicksal im Nationalsozialismus, ebenso wie das der Sinti und
Roma, erst sehr spät in das öffentliche Bewußtsein gedrungen
ist. Es sind die Gruppen, die der Mehrheitsgesellschaft fremd
waren und blieben. ... Die Ermordung von psychisch Kranken
und Behinderten wurde im Namen der Gesundheit des Volkes
durchgeführt. Die nationalsozialistische Ideologie verstand
ihre Gesundheitspolitik als Unterstützung der Starken, die
Schwachen zu stärken, erschien so als nutzlos. Dieser Punkt
gehört für mich zu den schrecklichsten in der Auseinanderset-
zung mit der Geschichte des Nationalsozialismus. Er zeigt,
daß man sich im Namen der Gesundheit auch zutiefst an
menschlichen Werten vergehen kann. Das sollte uns immer
Mahnung sein.«*

Mit einer Todesanzeige hat die »Bundesvereinigung Lebenshilfe für Menschen mit geistiger Behinderung« am 27. Januar

---

*   Bundesgesundheitsministerin Andrea Fischer auf der ersten nationalen
    Gedenkfeier für die Opfer des Nationalsozialismus unter den psychisch
    Kranken und Behinderten, 11. März 2000, Pirna-Sonnenstein

2000, dem Gedenktag für Opfer des Nationalsozialismus, der
über 250 000 behinderten Menschen gedacht, die als »lebens-
unwertes Leben« grausam ermordet wurden. Sie wurden ver-
giftet, vergast oder mußten langsam verhungern. Es hat keine
Trauerfeier, keinen Nachruf für all die Menschen gegeben.

Danach kamen lange Jahre des Schweigens, in denen jüngere behinderte Menschen heranwuchsen. Sie wurden weiter diskriminiert und ausgegrenzt, wurden angestarrt und ausgelacht.

Besonders für die Familien, die ihr behindertes Familien-
mitglied ja liebten, war dieser Umstand in den fünfziger und
sechziger Jahren schwer zu ertragen. Die Ideologie vom
»unwerten Leben« stand noch im Raum, sie war in den Köpfen verankert.

Dann ereignete sich etwas, das im nachhinein betrachtet
eine große gesellschaftliche Veränderung einleitete. Anfang
der sechziger Jahre wurden immer mehr Kinder geboren, die
ein Dysmelie-Syndrom hatten. Verschiedene Gliedmaßen fehl-
ten ihnen oder waren nicht richtig ausgebildet.

Das Schlafmittel Contergan war auch von vielen Schwange-
ren eingenommen worden. Es hatte geheißen, daß es besonders gut verträglich sei und keine Nebenwirkungen habe.
2 625 sogenannte Contergan-Fälle wurden 1961 von den
Gesundheitsbehörden registriert. Die Bevölkerung rührt sich,
hat Mitleid.

Inzwischen gab es in fast allen bundesdeutschen Haushalten
ein Fernsehgerät.

»Die führenden Massenmedien der ›Contergan-Zeit‹ ...
waren vor allem die großen Magazine, allen voran der *Stern*
und das Fernsehen. Als erste Sendeanstalt in Europa wagte es

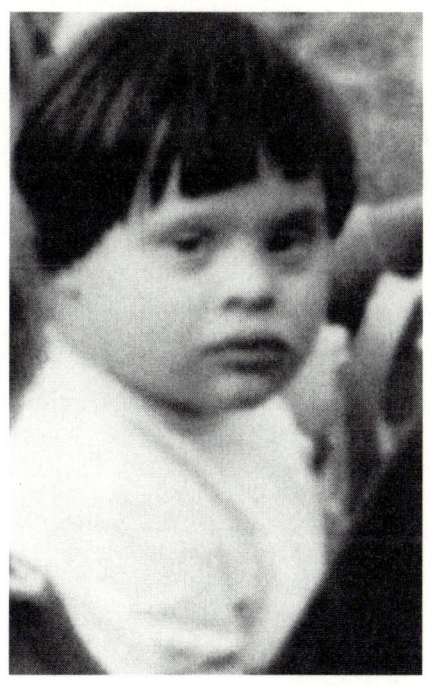

das ZDF, Bilder von Menschen mit Behinderung auszustrahlen.

... In großen Fotoreportagen sollten Leser mit der vermeintlich ›ungeschminkten Realität‹ konfrontiert werden, die Fotos sollten berühren und betroffen machen. Auch das Fernsehen, in dem die Bilder gerade ›laufen lernten‹ spürte die Wucht der moralischen Erschütterung durch die Unmittelbarkeit, mit der die Bilder wirkten. Um sich als Massenmedium zu legitimieren, mußte das Fernsehen mehr leisten, als Wirklichkeit aus der unvermeidlichen Distanz nur abzubilden.

Das ZDF reagierte 1964 mit der Gründung der ›Aktion Sorgenkind‹. So entstand die bis heute einzige soziale Institution in Deutschland, die als Produkt und zugleich Produzentin einer Medienwirklichkeit angetreten ist, die Lebenswirklichkeit von Menschen zu verändern.«[*]

In diesen Jahren gründete sich auch die »Lebenshilfe für Menschen mit geistiger Behinderung«, die sich unter anderem dafür einsetzte, geistig behinderte Kinder nicht mehr zu Hause versteckt zu halten, sondern in die Gesellschaft einzugliedern. Mit ihrer Hilfe wurden Sonderschulen und -kindergärten eingerichtet und später Werkstätten für die älteren Behinderten. Sie wurden in die Gesellschaft integriert, konnten gefördert werden und hatten endlich die Möglichkeit, ihren Teil zum gesellschaftlichen Leben beizutragen. Für die Familien hat das eine kaum zu ermessende neue Lebensqualität bedeutet. Eltern und Geschwister wurden entlastet. Ein Teil der Verantwortung und Belastung wurde ihnen abgenommen. Gut ausgebildete Pädagogen kümmern sich seither

---

[*] aus: Das Magazin der Aktion Mensch 3/2000, Seite 27

einige Stunden am Tag um die Weiterentwicklung des behinderten Kindes.

Es ist wichtig, auf die geschichtliche Entwicklung einzugehen, weil daran deutlich wird, wie unterschiedlich die gesellschaftlichen Bedingungen der im Buch beschriebenen Kindheiten waren. Die behinderten Kinder selber bereiten den Familien in den meisten Fällen das geringste Problem. Es sind die gesellschaftlichen Voraussetzungen und sicher nicht alle aber viele Menschen, die den Kummer, die Angst, die Sorge und Traurigkeit bedingen.

Was bedeutet nicht nur die Vernichtung, sondern auch das Gedankengut des »unwerten Lebens« für Geschwister? Sie haben einen Bruder oder eine Schwester, den oder die sie lieben. Daß sie ein behindertes Kind anders begleiten müssen, als ein nichtbehindertes liegt auf der Hand. Aber die Angst um das Leben dieses Geschwisters wird ausgelöst durch das Verhalten der Menschen in einer Gesellschaft gegenüber behinderten Menschen. Wenn die Achtung vor dem anderen Leben nicht mehr gewährleistet ist, wie es im nationalsozialistischen Deutschland in seiner grausamsten Zuspitzung der Fall war und auch im Nachkriegsdeutschland noch seine Auswirkungen hatte, hat das auch Konsequenzen für die Familienangehörigen.

»Was ihr getan habt, einem diesen meinen geringsten Brüdern, das habt ihr mir getan«[*], lautet ein vielzitierter Satz, den Jesus gesagt haben soll. Dieser Satz spiegelt auch die Betroffenheit der Geschwister wieder.

Im nationalsozialistischen Deutschland wurde die Würde von Menschen zutiefst verletzt. Wut, Trauer und Ohnmacht

---

[*] Matthäus, Kap. 25 Vers 40

zeichnen Menschen aus, die, wie Elisabeth, den Mord an einem behinderten Geschwister verarbeiten mußten und darüber fast sprachlos sind. Sie können fast kein Vertrauen in das Leben und die Menschen mehr aufbauen.

Das Erbe dieser Greueltaten trugen die Familien der fünfziger und sechziger Jahre auch auf ihren Schultern. Das Wissen um das, was man Jahre zuvor behinderten Menschen angetan hatte, war in den Köpfen der Eltern und Geschwister fest verankert und auch die Angst davor, daß sich die politischen Verhältnisse ändern könnten und die Wertigkeit von Leben mit einer Behinderung abermals infrage gestellt werden könnte.

Die Diskussion um die Genforschung wirft die Frage zum Wert von Leben mit Behinderung wieder auf. Daß überhaupt über das Lebensrecht von behinderten Menschen nachgedacht und diskutiert wird, ist menschenunwürdig. Auch das hat Einfluß auf die Eltern und Geschwister behinderter Menschen. Sie müssen sich in ihrem Leben mit permanenter Nicht-Achtung und Mißachtung auseinandersetzen, und das ist für jeden Menschen eine Zumutung und Verletzung.

»Die Würde des Menschen ist unantastbar« ist ein Grundrecht. Leider zeigt die aktuelle Diskussion, daß es die Unantastbarkeit der Menschenwürde nicht für jeden Menschen gibt.

Christian Judith, bioethischer Sprecher der »Interessenvertretung Selbstbestimmtes Leben (ISL)« und von Geburt an körperbehindert, in einem Gespräch mit der Wochenzeitung *Die Zeit:*

»Wird Behinderung - und sei es auch nur die von Embryonen - negativ bewertet, entsteht ein Druck auch auf behinderte Erwachsene. ... die Genforschung eröffnet die Möglichkeit, Krankheiten auszumerzen. Damit senkt sie die Bereitschaft, diese zu tolerieren. ... Wir sollten nicht versuchen, Krankheit oder Behinderung abzuschaffen, sondern lernen, sie zu akzeptieren. Eine Mutter kann ihr Kind auch nicht ›umtauschen‹, wenn es nach dem Verlassen der Klinik angefahren wird und dadurch behindert wird.«*

Anhand der Kindheitsbeschreibungen in diesem Buch soll deutlich werden, wieviel Einfluß das Verhalten der Menschen einer Gesellschaft auf Familien mit behinderten Kindern haben kann und daß eine öffentliche Akzeptanz dem Anderssein gegenüber notwendig ist. Mit dem Einzug Behinderter in die Wohnzimmer der Menschen wurde der Weg zu mehr Toleranz und Offenheit geebnet. So ist es möglich geworden, daß Geschwister behinderter Kinder heute eine Lobby haben, daß sie mit ihren Familien an Tagungen teilnehmen können, an denen *sie* und nicht der Bruder oder die Schwester im Mittelpunkt stehen.

Noch immer wird über den Wert von behindertem Leben nachgedacht. Noch immer werden Behinderte ab und zu diskriminiert, ausgelacht, beleidigt. Es ist ein weiter Weg. Wenn jeder Einzelne dazu beiträgt, daß Behinderte in unserer Gesellschaft nicht mehr ausgegrenzt werden, und sich den Satz der »Lebenshilfe« zu Herzen nimmt:

»Wir brauchen viele verschiedene Menschen, damit die Welt sich dreht«, dann wird er dazu beitragen Eltern, Geschwistern und Freunden behinderter Menschen das Leben leichter zu machen, und dann wird es vielleicht noch einige Bambi-Preisträger mit Down-Syndrom geben.

---

* Aus: Die Zeit, 7/2001, Seite 27, »Hättest du mich abgetrieben?«

Anhang

»Muß ich wirklich immer für ihn sorgen?«

Die finanziellen Verpflichtungen der erwachsenen Geschwister

Viele Frauen und Männer gehen ganz selbstverständlich davon aus, daß sie in irgendeiner Form für ihren behinderten Bruder oder ihre behinderte Schwester aufkommen müssen, wenn die Eltern tot sind – indem sie ihnen entweder den Lebensunterhalt finanzieren oder sie in ihrem eigenen Haushalt aufnehmen.

Eine moralische Verpflichtung? Vielleicht. Eine juristische? Eindeutig nein.

Laut Bürgerlichem Gesetzbuch (BGB) muß niemand für den Lebensunterhalt seines geistig behinderten Geschwisters zahlen.

§ 1601 stellt fest: Verwandte in gerader Linie sind verpflichtet, einander Unterhalt zu gewähren. Verwandte in gerader Linie (oder: ersten Grades) sind Eltern und Kinder – Geschwister untereinander nicht.

Im Bundessozialhilfegesetz allerdings stellt sich die Sache wesentlich komplizierter dar. Normalerweise kann ein behinderter Mensch von dem, was er in der Werkstatt für Behinderte verdient (im Durchschnitt 250 Mark brutto monatlich) nicht leben. Hat er auch sonst kein Vermögen, muß für ihn Sozialhilfe beantragt werden. Das Sozialamt leitet die Unterhaltsansprüche, die der Behinderte gegen seine Angehörigen haben könnte, auf sich über und versucht, diese Ansprüche durchzusetzen. Es zahlt die »Hilfe zum Lebensunterhalt«, bemüht sich aber, einen Teil des Geldes von den Angehörigen zurückzubekommen. Oder es zahlt nur einen Teil des Lebensunterhaltes in der Annahme, der Behinderte bekomme den anderen Teil von seinen Angehörigen.

Um die Höhe der Hilfe zum Lebensunterhalt festsetzen zu können, darf der Staat die erforderlichen Angaben der Unterhaltspflichtigen, also der Eltern, verlangen. Das steht in § 116 BSHG (Bundessozialhilfegesetz): Pflicht zur Auskunft. Die Unterhaltspflichtigen und die Kostenersatzpflichtigen sind verpflichtet, dem Träger der Sozialhilfe über ihre Einkommens- und Vermögensverhältnisse Auskunft zu geben, soweit die Durchführung dieses Gesetzes das erfordert.

Auch das BGB sagt ähnliches in § 1605:

Verwandte in gerader Linie sind einander verpflichtet, auf Verlangen über ihre Einkünfte und ihr Vermögen Auskunft zu erteilen, soweit dies zur Feststellung eines Unterhaltsanspruchs oder einer Unterhalsverpflichtung erforderlich ist. Über die Höhe der Einkünfte sind auf Verlangen Belege, insbesondere Bescheinigungen des Arbeitgebers vorzulegen.

Wieder geht es um Verwandte gerader Linie.

Bis hierhin sind Geschwister also weder verpflichtet, über ihr Einkommen Auskunft zu erteilen, noch dazu, ihrem behinderten Bruder oder ihrer behinderten Schwester Unterhalt zu Zahlen.

Doch jetzt kommt die Fußangel! Sie steht in § 16 Bundessozialhilfegesetz (BSHG):

Lebt ein Hilfesuchender in Haushaltsgemeinschaften mit Verwandten oder Verschwägerten, so wird vermutet, daß er von ihnen Leistungen zum Lebensunterhalt erhält, soweit dies nach ihrem Einkommen und Vermögen erwartet werden kann. Soweit jedoch der Hilfesuchende von den in Satz 1 genannten Personen Leistungen zum Lebensunterhalt nicht erhält, ist ihm Hilfe zum Lebensunterhalt zu gewähren.

Zu Verwandten und Verschwägerten gehören Geschwister. Das heißt, leben alle unter einem Dach, sind nun doch Einkommen und Vermögen der Geschwister ausschlaggebend dafür, ob und in welcher Höhe die behinderte Schwester, der behinderte Bruder die »Hilfe zum Lebensunterhalt« erhält.*

Manche Sozialämter leiten aus diesen Paragraphen ab, daß Geschwister – wie Eltern und andere Verwandte, die im gleichen Haushalt leben – Auskunft über ihr Einkommen und ihr Vermögen geben müssen.

Aber: Da Geschwister laut § 1601 BGB nicht verpflichtet sind, ihrem Geschwister Unterhalt zu zahlen, brauchen sie das auch nicht zu tun. Das Sozialamt hat theoretisch keine Möglichkeit, gegen Geschwister vorzugehen, wenn sie sich weigern, den behinderten Angehörigen finanziell zu unterstützen. Nun sollen manche Sozialämter aber dazu übergegangen sein, Zahlungen an den Behinderten zu verweigern, weil sie vermuten, daß er von seinen Angehörigen – hier: seinen Geschwister – mit Sachleistungen oder Geld unterstützt wird.

Diese Vermutung kann widerlegt werden – durch eine eidesstattliche Erklärung, daß der Behinderte keine solche Unterstützung von seinen Angehörigen erhält. Die Erklärung muß natürlich der Wahrheit entsprechen, denn wer eine falsche

---

* Genaueres dazu steht in: R. Heinz-Grimm u.a.: Soziale Rechte geistig behinderter Menschen und ihrer Angehörigen, Lebenshilfe Verlag, Marburg 1993

eidesstattliche Erklärung abgibt, macht sich strafbar.

Daß Geschwister Behinderter nicht per Recht und Gesetz dazu verdonnert werden können, ihrer Schwester oder ihrem Bruder lebenslang Unterhalt zu zahlen, ist nur fair. Schon als Kinder haben sie vielerlei Einschränkungen hinnehmen müssen. Würde der Staat sie nun als Erwachsene noch kräftig zur Kasse bitten wollen für eine Besonderheit in ihrem Leben, für die sie wirklich in keiner Weise verantwortlich sind, wäre das unerträglich.

Finanzielle Zuwendungen sollten wenn, dann aus geschwisterlicher Liebe, aus Verantwortung und Fürsorge heraus gemacht werden. Freiwillig und nicht staatlich verordnet.

Einige Adressen

Deutsche Behindertenhilfe Aktion Mensch e.V.
Holbeinstraße 13-15
53175 Bonn
Tel: 0228-2092-0
Fax: 0228-2092-206

Bundesvereinigung Lebenshilfe
für Menschen mit geistiger Behinderung,
Raiffeisenstraße 18
35043 Marburg
Tel: 06421-491-0
Fax: 06421-491-167

Bundesarbeitsgemeinschaft Hilfe für Behinderte e.V.
Kirchfeldstr. 149
40215 Düsseldorf
Tel: 0221-31006-0
Fax: 0211-31006-48

Bundesarbeitsgemeinschaft für Rehabilitation
Walter-Kolb-Straße 9-11
60594 Frankfurt
Tel: 069-605018-0
Fax: 069-605018-29

Bundesverband für Körper- und Mehrfachbehinderte e.V.
Brehmstraße 5-7
40239 Düsseldorf
Tel: 0211-640040
Fax: 0211-613972

Bundesarbeitsgemenschaft der Clubs Behinderter
und ihrer Freunde e.V.
Eupener Straße 5, 55131 Mainz
Tel: 06131-225514
Fax: 06131-238834

Verein zur Förderung und Integration Behinderter e. V.
Biegenstraße 34, 35037 Marburg
Tel: 06421-169710
Fax: 06421-6819

Zusätzlich gibt es in jeder Stadt Behindertenreferate, die von der evangelischen oder katholischen Kirche organisiert werden. Viele von diesen Referaten bieten über die Kirchengemeinden Ferienfreizeiten für behinderte Menschen jeden Alters an.

Literatur

Ilse Achilles: »...und um mich kümmert sich keiner«. Die Situation der Geschwister behinderter Kinder. Piper Verlag, München 1995

Ilse Achilles/Karin Schliehe: Meine Schwester ist behindert. Bundesvereinigung Lebenshilfe für Menschen mit geistiger Behinderung (Hrsg.), Marburg 1993

Gabi Berens: In Wahrheit ist es Liebe. Unser behindertes Kind als Wegweiser, Country Verlag, Halle/Westfalen 1994

Ina Beyer: Unser Kind mit Down-Syndrom. Ein erstes Lesebuch mit Informationen für Eltern, für ihre Angehörigen und Freunde, Bundesvereinigung Lebenshilfe für Menschen mit geistiger Behinderung (Hrsg.), Marburg 1998

Virginia Flemming: Sei nett zu Eddie. Lappan Verlag, Oldenburg 1998

»Der Friederich, der Friederich...?« Verhaltensprobleme bei Kindern und Jugendlichen mit geistiger Behinderung, Bundesvereinigung Lebenshilfe für Menschen mit geistiger Behinderung (Hrsg.), Marburg 1999

R. Heinz-Grimm u.a.: Soziale Rechte geistig behinderter Menschen und ihrer Angehörigen, Lebenshilfe Verlag, Marburg 1993

Waltraud Hackenberg: Die psycho-soziale Situation von Geschwistern behinderter Kinder. Edition Schindele, Heidelberg 1987

Waltraud Hackenberg: Geschwister behinderter Kinder im Jugendalter – Probleme und Verarbeitungsformen. Edition Marhold, Berlin 1992

Elisabeth Laird: Ben lacht. Friederich Oettinger, Hamburg 1991

Nancy B. Miller: Mein Kind ist fast ganz normal. Trias-Verlag, Stuttgart 1997

Siegfried M. Pueschel: Down-Syndrom. Für eine bessere Zukunft. Ein Ratgeber nicht nur für Eltern, Bundesvereinigung Lebenshilfe für Menschen mit geistiger Behinderung (Hrsg.), Trias-Verlag, Stuttgart 1995

Josef Rattner: »Ich winselte einmal in der Nacht...« Kafka und das Vaterproblem, Königsfurt Verlag, Krummwisch 2000

Else Wiegard: Heute sterbe ich, heute lebe ich. Becker Verlag, Marburg 1998

Marlies Winkelheide: Ich bin doch auch noch da. Aus der Arbeit mit Geschwistern behinderter Kinder, Trialog, Bremen 1992

Bildnachweis

Alle Fotos in diesem Buch sind Familienfotos, die die Geschwister aus ihren Privatarchiven zur Verfügung gestellt haben.

Danksagung

Meiner Mutter, danke für alles!

Dank an meine Freundin Krista Maria Schädlich, die nicht müde wurde, mich in vielen Jahren immer wieder zu ermutigen, dieses Buch anzugehen, die mich immer wieder ausgehalten hat und deren Begeisterung über mein Exposé schließlich den Ausschlag gab.

Dank an alle, die mich gemeint haben und mich ein Stück begleiteten oder es immer noch tun.

Danke den Geschwistern Elisabeth Andermann, Gerd Brederlow, Herbert Kluge, Andrea Koch, Marie-Luise Wolf und Mechthild Schneider, ohne die dieses Buch nicht so geworden wäre, wie es jetzt ist.

Weitere Titel aus dem Königsfurt Verlag

Heike Neumann: Verkürzte Kindheit.
Vom Leben der Geschwister behinderter Menschen.
ISBN 3-933939-32-1. *Bewegende Erfahrungen.*

H.H. Koch/Nicola Keßler: Ein Buch muß die Axt sein ...
Schreiben und Lesen als Selbsttherapie.
ISBN 3-933939-19-4. *Hilfe zur Selbsthilfe.*

Abschied vom Ego-Kult. Die neue soziale Offenheit.
ISBN 3-933939-00-3. *Wertewandel und neue Wege.*

Josef Rattner: Grundlagen ganzheitlicher Heilung.
Einführung in die Psychosomatik.
ISBN 3-933939-17-8. *Ratgeber für jeden Haushalt.*

Josef Rattner: »Ich winselte einmal in der Nacht.«
Kafka und das Vaterproblem.
ISBN 3-933939-18-6. *Mit Kafkas »Brief an den Vater«.*

Josef Rattner: Gruppenpsychologie und Gruppentherapie.
Neue Wege seelischer Heilung.
ISBN 3-933939-83-6. *Das Standardwerk in Neuausgabe.*

L. Hermes: Aphrodites Traum. Traumdeutung
seit der Antike. ISBN 3-933939-28-3. *Mit Traum-ABC.*

Klausbernd Vollmar: Sich erfolgreich träumen.
ISBN 3-933939-07-0. *Die DreamCreativity®-Methode.*

Kb. Vollmar & J. Fiebig: Traum und Traumdeutung.
ISBN 3-933939-01-1. *Reihe: erleben und verstehen.*

Frederik Hetmann: Märchen und Märchendeutung.
ISBN 3-933939-02-X. *Reihe: erleben und verstehen.*

Erhältlich im Buchhandel.

Weitere Titel aus dem Königsfurt Verlag

Paul Letter: Paracelsus. Leben und Werk.
ISBN 3-933939-24-0. *Neue Quellen. Spannende Recherche.*

Carl Gustav Jung: Paracelsus, Alchemie
und die Psychologie des Unbewußten.
ISBN 3-933939-84-4. *Die berühmten Aufsätze in einem Band.*

H. Obleser: Parzival. Ein Initiationsweg und seine Bedeutung.
ISBN 3-933939-26-7. *Die Gralslegende psychologisch gedeutet.*

Ulrich Magin: Ausflüge in die Anderswelt.
ISBN 3-933939-25-9. *Bedeutungen rätselhafter Phänomene.*

Andrea Kaufmann: Ritt auf dem Hexenbesen.
ISBN 3-933939-30-5. *Geschichte eines Transportmittels.*

Pierre Niccart: Der Zauberladen. Du bist was du vergißt.
ISBN 3-933939-23-2, farbig. *Das Erlebnisbuch.*

Klausbernd Vollmar: Handbuch der Traum-Symbole.
ISBN 3-927808-65-2. *Standardwerk, preiswerte Sonderausgabe.*

Klausbernd Vollmar: Ratgeber Traum.
ISBN 3-927808-76-8. *Traum-Symbole im Zusammenhang .*

H. Dieckmann: Zauber aus 1001 Nacht. Märchen & Symbole.
ISBN 3-933939-09-7. *Ein Klassiker der Märchenforschung.*

Marion Guekos-Hollenstein: Quellen des Tarot.
ISBN 3-933939-06-2. *Urbilder und heutige Anwendung.*

Frederik Hetmann: Madru oder Der große Wald.
Roman & Spiel. **Buch:** ISBN 3-933939-08-9.
Set (Buch & Karten): ISBN 3-933939-29-1.

Erhältlich im Buchhandel.

Josef Rattner

»Ich winselte einmal in der Nacht ...«
Kafka und das Vaterproblem.

ISBN 3-933939-18-6. Paperback, 144 Seiten.

Als Schlüsselerlebnis deutet Rattner eine nächtliche Szene, die Franz Kafka im »Brief an den Vater« wie folgt beschreibt: »Ich winselte einmal in der Nacht immerfort um Wasser, gewiß nicht aus Durst, sondern wahrscheinlich teils um zu ärgern, teils um mich zu unterhalten. Nachdem einige starke Drohungen nicht geholfen hatten, nahmst Du mich aus dem Bett, trugst mich auf die Pawlatsche und ließest mich dort allein vor der geschlossenen Tür im Hemd stehen. (...) Das für mich Selbstverständliche des sinnlosen Um-Wasser-Bittens und das außerordentlich Schreckliche des Hinausgetragenwerdens konnte ich meiner Natur nach niemals in die richtige Verbindung bringen.«

Der Kern dieser Schlüsselszene betrifft das Selbstverständliche der persönlichen Eigenart und den außerordentlichen Schrecken der Verneinung bzw. Unterdrückung derselben. Heute können wir in Franz Kafka – deutlicher als zuvor – einen der maßgeblichen Entdecker des Eigenen und seiner (zunächst oft schmerzhaft fehlenden, unbekannten) Selbstverständlichkeiten erkennen. Josef Rattner hat den Blick darauf gelenkt, und das macht seine Studie bedeutsam für ein großes Publikum.

Er ist ein Pionier und Brückenbauer: Prof. Josef Rattner, in Wien geboren, in Zürich studiert und die ersten Lorbeeren verdient, sodann in Berlin daheim. Zwei Doktortitel – in Philosophie und Medizin, Wegbereiter der Psychosomatik sowie der Gruppen-Psychotherapie. Bekannter Repräsentant einer »Humanistischen Psychoanalyse«.

»Alle seine Bücher [sind] in einer leicht verständlichen Sprache geschrieben (...), die den Menschen (...) in einer großen Differenziertheit zu begreifen versucht« (DIE WELT).

Der Band enthält Prof. Rattners Studie sowie den Brief Franz Kafkas an seinen Vater ...

KÖNIGS FURT

 Lebenshilfe – mehr als ein Verein

Die Lebenshilfe ist eine Selbsthilfe-Vereinigung für Menschen mit geistiger Behinderung, für ihre Eltern und Angehörigen, für Fachleute, Freunde und Förderer. Gegründet wurde die Lebenshilfe 1958 in Marburg.

Lebenshilfe-Vereinigungen gibt es heute in fast jeder Stadt und jedem Landkreis, insgesamt 540 in Deutschland.

In ihren 3.000 Einrichtungen und Diensten wurden 150.000 behinderte Kinder, Jugendliche und Erwachsene gefördert und begleitet.

Die Bundesvereinigung Lebenshilfe in Marburg und die 16 Landesverbände setzen sich überregional für die Wahrung der Interessen und Rechte geistig behinderter Menschen und ihrer Familien ein.

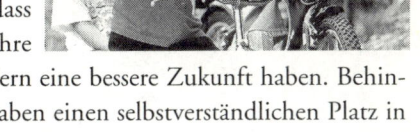

Mit 130.000 Mitgliedern ist die Lebenshilfe eine starke und wirkungsvolle Interessenvertretung für behinderte Menschen und ihre Familien.

Gemeinsam können wir erreichen, dass Menschen mit Behinderung und ihre Familien bei uns und in anderen Ländern eine bessere Zukunft haben. Behinderte Menschen gehören zu uns. Sie haben einen selbstverständlichen Platz in der Gesellschaft. Dafür zu kämpfen, lohnt sich!

Wir möchten möglichst viele Menschen für unsere Ziele und für die Lebenshilfe gewinnen. Nur so kann die Lebenshilfe ihre Aufgaben zugunsten behinderter Menschen und ihrer Familien erfüllen.

Machen Sie mit! Setzen Sie sich für behinderte Menschen ein! Wir brauchen ganz verschiedene Menschen, damit die Welt sich dreht.

So erreichen Sie uns:

Bundesvereinigung Lebenshilfe für Menschen mit geistiger Behinderung e. V.
Raiffeisenstraße 18, 35039 Marburg
Tel.: (06421) 491-0, Fax: (06421) 491-167
E-mail: Bundesvereinigung@Lebenshilfe.de, Internet: www.lebenshilfe.de

In Ihrem Telefonbuch finden Sie die örtliche Lebenshilfe.

Aus
Hilfe wird
Partnerschaft

Sich gemeinsam weiterentwickeln, sich auseinander
setzen und sich so akzeptieren, wie man ist.
Den Menschen zuerst sehen. Vor seiner Behinderung.
So wird aus Rücksicht Respekt, aus Toleranz
Anerkennung, und aus Ideen werden Visionen.

AKTION MENSCH

Der neue Name der Aktion Sorgenkind

www.aktion-mensch.de

select